대~한 독립, 남~북 통일

김구

새시대 큰인물 5

대~한 독립, 남~북 통일

김구

개정판 1쇄 | 2006년 2월 15일
개정판 4쇄 | 2013년 7월 25일

글쓴이 | 곽옥미
그린이 | 김천일
발행인 | 양원석
편집장 | 전혜원
마케팅 | 김경만, 곽희은, 우지연, 송기현
제작 | 문태일, 김수진

펴낸곳 | (주)알에이치코리아
주소 | 153-802 서울시 금천구 가산디지털 2로 53, 20층(한라시그마밸리)
전화 | 02-6443-8870(내용), 02-6443-8838(구입), 02-6443-8962(팩스)
등록 | 2004년 1월 15일 제2-3726호

ISBN 978-89-5986-343-3 74990
　　　978-89-5986-338-9 (세트)

RHK 는 랜덤하우스코리아의 새 이름입니다.

대~한 독립, 남~북 통일

곽옥미 글 | 김천일 그림

주니어 RHK

글쓴이의 말

우리가 잘 아는 노래 가운데에 '우리의 소원은 통일, 꿈에도 소원은 통일…….'이라는 노래가 있어요. 아직도 이 노래를 불러야 하는 까닭은 우리 나라가 지구상에 하나뿐인 분단 국가이기 때문이에요.

이 책을 읽을 여러분들은 일제의 식민지 시대도 겪지 않았고, 6·25 전쟁도 겪지 않았어요. 그래서 어쩌면 이 노래가 담고 있는 가사가 어떤 뜻인지 잘 이해가 되지 않을지도 모르지요.

하지만 여러분도 텔레비전에서 이산 가족 상봉 장면을 본 적은 있을 거예요. 그걸 보며 서로 헤어져, 보지도 못하고 산다면 마음이 아프겠구나 하는 것 정도는 느꼈을 거예요.

우리 나라는 우리 겨레의 뜻과는 상관없이 일본의 식민지가 되었어요. 그리고 식민지에서 벗어나자마자 둘로 갈라신 나라가 되고 말았어요. 그래서 오랜 세월 동안 남북이 서로 나뉘어 살아왔어요.

우리는 아직도 완전한 통일도, 완전한 독립도 이루지 못했어요. 김구 선생은 평생 동안 우리 나라의 완전한 독립과 통일을 위해 있는 힘을 다 바쳐 일하신 분이에요.

여러분의 엄마, 아빠에게 우리 나라에서 가장 존경하는 사람이 누구냐고 한번 물어 보세요. 많은 분들이 김구 선생을 꼽을 거예요. 김구 선생은 우리 민족의 진정한 행복을 위해서 아무런 욕심 없이 자신을 바치신 분이기 때문이에요.

도대체 어떤 분이기에 그럴까요? 이 책을 통해 김구 선생을 가까이 한번 만나 보세요. 김구 선생을 만나고 나면 여러분도 우리 나라의 진정한 통일과 독립을 바라는 사람이 되어 있을 거라고 믿어요.

2002년 광복절에 곽옥미

차례

글쓴이의 말 · 4

어렵게 태어난 아이 · 9
- 해주 · 24
- 마마 · 25

사람은 누구나 똑같다 · 26
- 동학 · 36

쓰러지는 나라를 붙들기 위해 · 38
- 을미사변 · 46

물고기에게 던져 준 원수의 몸 · 48
- 단발령, 개화파 · 60

어머니, 저는 절대로 죽지 않습니다 · 61
- 만국공법, 김구와 《태서신사》 · 77

새로운 세상을 꿈꾸며 · 79
- 스승 고능선 · 92

어려운 결혼, 그리고 다시 감옥으로 · 93
- 안악 사건 · 101

자나깨나 나라의 독립만 생각하는 사람 · 102
- 임시 정부 · 115

자신의 몸을 나라에 바친 사람들 · 116
- 윤봉길 의거 · 128

해방, 그리고 통일의 길 · 129
- 광복군 특공대 · 141

열린 주제 · 144
인물 돋보기 · 146
연대표 · 148

백범 김구

1
어렵게 태어난 아이

　아직도 한여름 더위가 채 가시지 않은 8월 어느 날이었어요. 저녁이 되어도 무더위는 가시지 않아 사람들은 부채질을 하느라 바빴어요. 황해도 해주 백운방 텃골의 김씨 집 마당에선 사람들이 저녁내 서성댔어요.
　"허허, 어떻게 된 아이가 저렇게 어미 뱃속에서 나오지를 못하지?"
　"아이를 낳으려고 한 지 벌써 이레나 되었대."
　"저러다가는 아이랑 엄마가 다 위험해."
　"산모 남편을 불러 보게. 내가 방법 한 가지를 가르쳐 줌세."

산모 남편은 어른들이 시키는 대로, 소 등에 짐을 실을 때 안장처럼 얹는 길마를 머리에 쓰고 지붕 위로 올라갔지요.

"음머! 음메!"

어른들이 지붕으로 올라가 소 울음소리를 내도록 시킨 거예요. 소 울음소리가 난 지 얼마 지나지 않은 자정 무렵이었어요. 방에선 우렁찬 아이의 울음소리가 들려왔어요.

"사내아이예요!"

김구는 이처럼 어렵게 세상에 나왔어요. 김구가 세상에 태어나 처음으로 얻은 이름은 김창암이에요.

창암이가 태어났을 때 아버지는 스물일곱 살, 어머니는 열일곱 살이었지요. 그 시대로 치면 아버지는 결혼이 상당히 늦은 편이었어요. 집안이 워낙 가난하여 장가들 엄두를 못 내고 있다가 스물네 살에야 열네 살 먹은 신부를 맞았으니까요.

"응아, 응아……."

아기는 늘 배가 고프다고 칭얼댔어요. 그러나 가난한 까닭에 어머니는 밥 한 끼 제대로 배불리 먹지 못했어요. 젖은 어머니가 먹을 걸 제대로 먹어야 잘 나오는데, 밥을

제대로 먹지 못하니 계속 젖이 부족할 수밖에 없었어요.

'젖도 배불리 못 주고…… 아가야, 어쩌다 이렇게 가난한 집에 태어났니?'

어머니는 보채는 아기를 볼 때마다 가슴이 미어졌어요. 아버지는 아이를 안고 마을 아주머니들을 찾아다니며 젖을 얻어먹였어요.

특히 먼 친척 아주머니 한 분은 한밤중일지라도 아기를 데려가면 싫은 표정 한 번 짓지 않고 젖을 물려 주었어요. 그 아주머니가 돌아가시자 창암이는 그 분의 묘 앞을 지나다닐 때마다 인사를 했지요.

"고맙습니다. 저에게 젖을 물려 주셔서 이만큼 자랐습니다."

다행히 창암이는 마마를 앓은 것말고는 별다른 잔병치레도 하지 않고 잘 자랐어요.

"열꽃 핀 것 좀 봐."

어머니는 무심코 아기 얼굴에 있는 마마꽃의 고름을 짜 냈어요. 그 바람에 창암이 얼굴엔 마마 자국이 평생 남게 되었지요.

창암이가 네 살 때 집이 강령으로 이사를 했어요. 그 곳은 뒤는 산이고, 앞은 바다였어요. 집 앞으로 호랑이가 지나다닐 정도로 외진 곳이었지요.

그러던 어느 날이었어요.

"헌 그릇이나 부서진 숟가락 있으면 엿 바꿔 먹으시오!"

엿 장수가 가위를 찰랑거리며 집 앞을 지나가는 거예요.

"야! 엿 장수다."

엿 생각만 해도 창암이는 벌써 목구멍으로 침이 꼴깍 넘어갔어요. 하지만 문을 열지 못하고 문구멍으로 밖을 내다보기만 했어요. '엿 장수가 아이들 고추 떼어 간다, 함부로 나대지 말아라.'라고 한 부모님 말씀이 걸렸거든요. 게다가 엿을 바꿔 먹을 물건도 없었어요.

창암이는 엿이 먹고 싶은 걸 참을 수 없어 아버지의 멀쩡한 숟가락을 반으로 구부린 뒤 엿 장수를 불렀어요. 헌 숟가락만 엿 바꿔 주는 줄로 알았거든요. 창암이는 문은 열지 않고 손만 쑥 내밀었어요. 엿 장수는 숟가락을 받고 엿을 한 뭉치 뭉쳐 문구멍으로 넣어 주었어요.

"히히, 맛있다."

창암이는 엿을 빨아먹기에 바빴어요. 한창 맛있게 먹고 있는데 아버지가 돌아왔어요.

"어디서 난 엿이냐?"

아버지는 벌써 눈치를 채고 묻는 거예요. 창암이는 하는 수 없이 사실대로 말씀드렸어요.

"거짓말하지 않고 사실대로 말했으니 처음이라 용서해 주마. 다음에 또 이런 짓 하면 그 때는 다리가 부러질 줄 알아라!"

어린 창암이는 야단을 맞고도 남은 엿을 맛있게 빨아먹었어요.

하지만 창암이는 혼날 일을 기어코 저지르고 말았어요. 우연히 아버지가 엽전 스무 냥을 방 아랫목 이부자리 속에 두는 걸 본 게 탈이었어요.

'이 돈으로 떡이나 실컷 사 먹어야지.'

창암이는 아버지가 들로 나가자 돈 꾸러미를 허리에 두르고 집을 나섰어요. 그런데 얼마쯤 가다가 집안 할아버지 한 분을 만났어요.

"너, 이 녀석! 돈 꾸러미 가지고 어딜 가는 게냐?"

"떡 사 먹으러 가는데요."

그 할아버지는 창암이가 아무런 머뭇거림 없이 대답하자 어이가 없는지 너털웃음을 터뜨렸어요. 그런 다음 조용히 말했어요.

"그 돈으로 떡 사 먹었다가는 아버지한테 몽둥이로 맞을지도 모른다. 돈 이리 주고 집에 가 있어라."

창암이는 어쩔 수 없이 돈 꾸러미를 내주고 집으로 다시 돌아갔어요.

"할아버지 때문에 떡도 못 사 먹고 돈만 다 빼앗겼잖아."

창암이가 투덜거리고 있는데 아버지가 돈 꾸러미를 들고 씩씩거리며 들어왔어요.

"창암이 너, 이리 와!"

'큰일났다! 할아버지가 내 이야기를 다 했구나.'

창암이는 풀죽은 모습으로 아버지 앞에 섰어요. 아버지는 창암이를 빨랫줄로 꽁꽁 묶어 마루 천장에 매달아 놓고 회초리로 후려갈겼어요.

"아얏, 아악……."

아파서 견딜 수 없었지만 집에 말려 줄 사람이 아무도 없었어요. 마침 그 때 집 앞을 지나던 친척 한 분이 창암이가 내지르는 비명 소리를 듣고 집 안으로 들어왔어요.

"허허, 어린것이 잘못 좀 저질렀다고 그렇게 심하게 매

질을 해서야 되는가?"

그분은 아버지를 나무란 뒤 창암이를 자기 집으로 데리고 가 며칠 동안 맛있는 밥과 반찬을 먹여 주었어요.

아버지는 성질이 거침이 없었어요. 특히 거들먹거리는 양반들은 어떤 식으로든 한 번씩 혼을 내 주고야 말았어요.

"김가놈들은 상것 주제에 모여 살기까지 해?"

"뭐? 우리보고 상것이라고 했어? 이놈들아, 어쩔 수 없어 이렇게 산다만 우린 상것이 아니야."

다시 해주 고향으로 이사를 간 뒤엔 걸핏하면 양반들을 두들겨 패는 바람에 해주 감영에 갇히는 일이 잦았어요. 그래서 양반들은 아버지를 달래느라 도존위라는 낮은 벼슬자리를 마련해 주었어요. 그러나 아버지는 삼 년이 채 못 되어서 그 자리에서 쫓겨나고 말았어요. 가난한 사람들에겐 세금을 덜 받고, 양반 부자들한테서는 세금을 많이 받았거든요. 그러니 힘있는 양반들이 가만둘 턱이 없었지요.

"아버지, 사람을 왜 양반이니 상놈이니 하면서 가르는 거예요?"

"글쎄 말이다. 게다가 우린 원래 상놈이 아니었단다. 역적으로 몰리면서 숨어 지내다 보니 상놈 취급을 받는 것뿐이란다."

"으으, 양반이라고 으스대는 건 정말 눈 뜨고 볼 수가 없어요."

"흐음, 억울하면 양반이 되는 수밖에 없겠지."

"그깟 양반, 나도 글공부해서 양반이 될래요."

창암이는 우리글은 벌써 깨쳐서 이야기책을 읽을 수 있었어요. 또 한문도 천자문 정도는 어깨 너머로 배워서 그럭저럭 읽고 쓰는 데 불편하지 않았어요. 하지만 글을 조금이라도 알고 나자 글공부할 마음이 부쩍 더 들어서 아버지를 졸랐어요.

"아버지, 저도 글방에 보내 주세요. 우리라고 언제까지나 이렇게 살 순 없잖아요."

하지만 창암이가 사는 마을엔 글방이 없었어요. 글방은 양반 동네에나 가야 있었지요. 아버지는 공부하겠다는 아들이 기특하긴 했지만 한참 동안이나 고민했어요. 자식에게 글공부를 시키고는 싶지만 양반 동네 글방에서 창암이를 받아 줄지 어떨지 모를 일이었거든요. 또 받아 준다 해도 양반집 아이들의 텃세를 창암이가 견디어 낼지 그것도 알 수 없었고요.

그래서 마을 아이들을 모아 따로 사랑방에다 글방을 내기로 했어요. 선생은 청수리 마을의 이 생원이라는 사람을 데려오기로 했고요. 이 생원은 실력이 그리 뛰어나지 않아 양반 글방에서 데려가지 않았지요.

선생이 오는 날, 창암이는 머리를 감고 새 옷을 입은 뒤 아버지랑 같이 마중을 나갔어요. 선생은 쉰 조금 넘어 보이는 나이였어요.

마침내 열한 살이 되던 해에 창암이는 글공부를 하게 되었어요. 창암이는 열심히 공부했어요. 그래서 배운 걸 시험 볼 때는 언제나 일등을 했지요.

석 달이 지난 뒤 산골 신씨 어른 댁으로 글방이 옮겨 가게 되었어요. 창암이는 아침 일찍 밥그릇 망태기를 메고 고개를 넘었어요.

"맹자 왈, 부모와 자식은……."

길을 걸을 때도 창암이 입에선 글 외는 소리가 그치지 않았어요. 집에 와서도 밤 늦게까지 어머니가 밀 껍질 벗기는 걸 도우며 글을 외웠어요.

그러나 반 년 만에 글방이 문을 닫게 되었어요.

"글방 선생이 밥을 너무 많이 먹어서 이러다간 우리 집

양식이 금세 바닥나겠어요."

하지만 이유는 딴 데 있었어요. 신씨 아들이 공부를 그다지 잘하지 못해 한 번도 창암이를 이기지 못했기 때문이에요.

"선생님, 헤어지기 싫어요."

창암이는 선생의 품에 매달려 엉엉 울었어요.

"창암아, 나도 네 공부를 마무리 못 하고 끝내는 게 서운하구나. 너무 속상해하지 말고 혼자서라도 글 읽는 걸 계속하거라."

선생도 눈물을 비 오듯 쏟았어요. 창암이는 며칠 동안 밥도 먹지 않고 울기만 했어요. 이제 막 공부 맛을 알게 되었는데 중간에 그만두게 되어 너무너무 속이 상했거든요.

아버지는 창암이가 공부를 계속할 수 있도록 애를 썼어요. 하지만 다시 공부할 기회를 얻기가 쉽지 않았어요. 더구나 아버지가 갑자기 몸을 움직일 수 없게 되어 자리에 드러눕고 말았어요.

"어어어…… 이런, 몸을 일으킬 수가 없구나."

"아버지……."

어머니와 창암이는 아버지의 몸을 주무르며 낫게 하려

고 애를 썼어요. 창암이는 열심히 아버지 병구완을 했어요. 보잘것 없는 살림에 아버지 약값 대기도 빠듯해 공부는 엄두를 낼 수가 없었어요.

아버지가 조금 움직일 수 있게 되자, 어머니는 아버지 병을 완전히 고치기 위해 아버지와 함께 유명한 의사를 찾아 나섰어요. 집도 팔고 가마솥도 팔고, 창암이는 큰어머니 댁에 맡기고 말이에요.

그래서 창암이는 부모와 떨어져 살아야만 했어요. 창암이는 공부 대신 날마다 사촌 형들과 함께 소 고삐를 끌고 산으로 들로 돌아다녔어요.

해주

황해도 서남쪽에 있는 도시이다. 김구가 태어났을 때는 '해주부'였는데, 1945년 해방과 함께 '해주시'로 불리게 되었다. 산과 평야와 항구와 기차역이 함께 어우러진 도시이다. 논농사와 밭농사 그리고 과수 재배를 많이 하며, 수산물도 많이 난다. 해주항은 현재 현대적인 무역항으로 개발되어 있다. 을사조약 후 의병으로 활약한 강춘삼, 3·1 독립 운동 때 독립 선언문을 읽은 정재용, 독립 운동가 민양기, 정순경, 안중근이 태어난 곳이기도 하다.

마마

흔히 '두창' 또는 '천연두'라고 불리는 전염병으로, 종두법이 연구되기 전까지는 수많은 사람들의 목숨을 앗아갔다. 처음에는 열과 두통이 심하다가 나중에는 발진이 생기고 그 자리에 고름이 잡히고 딱지가 앉아야 병이 낫는다. 딱지가 떨어진 자리에는 흉터가 남는데, 보통 우리가 곰보라고 부르는 흉터가 바로 마마의 흉터이다. 예전에는 마마에 걸리면 마마굿을 해서 마마신을 쫓는 것말고는 다른 방법이 없었다. 1879년 지석영에 의해 최초로 종두법이 시행되면서 마마는 차츰 줄어들기 시작했다. 1960년대에 들어서는 마마에 걸린 환자가 없다.

2
사람은 누구나 똑같다

    다행히 얼마 지나지 않아 아버지의 몸은 좋아졌어요. 그래서 창암이도 다시 공부를 할 수 있게 되었지요. 그러나 만나는 선생마다 공부 가르치는 일보다는 밥벌이에 더 관심이 많아 실망이었어요.

    창암이는 어느덧 열네 살이 되었어요. 아버지는 어떻게든 아들을 공부시키려고 열심이었어요. 그러나 좋은 선생을 만날 수 없어 안타까웠어요. 그렇다고 돈을 들여 먼 데까지 보내 공부를 시킬 형편은 못 되었어요. 그래서 하루는 아들에게 이렇게 말했어요.

    "얘야, 밥 벌어먹기는 장타령이 제일이니라. 굳이 큰 공부 하려 애쓰지 말고 막바로 써먹을 수 있는 공부나 하렴."

그래서 창암이는 일상 생활에 필요한 글공부를 혼자서 했어요. 땅 문서 쓰기, 관청 문서 쓰기, 제삿글 쓰기, 결혼글 쓰기, 편지글 쓰기 등을 혼자 익힌 것이지요.

"이 정도 글을 익힌 건 공부라고 할 수도 없어. 글공부를 제대로 해야 하는데……."

창암이는 날마다 공부할 방법이 없을까 고민했어요. 마침 그 때 십 리쯤 떨어진 학골이라는 곳에서 정문재라는 선생이 글을 가르치고 있다는 걸 알게 되었어요. 아버지는 당장 정 선생을 찾아갔어요.

"선생님, 제 아들이 공부를 무척 하고 싶어합니다. 그런데 제 병을 고치느라 살림을 다 들어먹어서 글값을 낼 수가 없습니다. 어떻게 안 되겠습니까?"

"사정이 그렇다면 글값을 받지 않고 가르쳐 주겠소."

창암이는 다시 공부를 할 수 있게 되었지요. 창암이는 아침 일찍 일어나 십릿길을 걸어 글방에 다녔어요. 도착해 보면 글방에서 먹고 자는 학생들은 아직도 잠에 빠져 있는 시각이었지요.

창암이가 열심히 하자 선생도 좋아했어요.

"창암아, 네 공부가 제법 무르익었으니 과거를 보면 좋을 것 같구나."

선생은 창암에게 과거를 볼 걸 권했어요. 마침 해주에서 과거를 본다는 발표가 있었거든요.

하지만 과거 시험은 이미 엉망이었어요.

"허허. 글 잘하는 이가 시험을 대신 봐 주다니 이건 말도 안 돼."

"시험을 잘 본다고 합격하는 것도 아니라네. 이미 뽑을 사람을 다 짜 놓았다네."

창암이는 무척 실망했어요.

'공부해 봐야 뭐 하나? 세상이 다 썩어 버렸는데.'

이런 창암이를 보고 아버지가 일렀어요.

"창암아, 어차피 과거 봐서 성공하긴 틀린 세상이다. 차라리 묏자리 잘 보는 공부에다 관상 잘 보는 공부나 하면 어떻겠니?"

아버지는 묏자리를 잘 쓰면 자손이 복을 받게 되고, 관상을 잘 보면 좋은 사람을 쉽게 알아볼 수 있어 좋다는 생각을 한 것이지요.

창암이도 아버지의 뜻에 따라 관상 보는 책을 갖다 놓고 열심히 연구했어요. 석 달이나 골방에 처박힌 채 자신의 얼굴을 거울로 들여다보며 하는 공부였어요. 하지만 어느 순간 창암이는 무척 실망하고 말았어요.

"어떻게 된 거야? 내 얼굴을 아무리 뜯어봐도 좋은 구석이라곤 한 군데도 없군."

새로운 마음으로 관상 공부를 시작했는데, 자신의 관상이 나쁘다는 걸 알게 되자 창암이는 세상 살고 싶은 마음이 없어졌어요.

창암이는 책을 마저 읽어 나갔어요. 그런데 책을 읽다 보니 이런 말이 씌어 있었어요.

'얼굴 좋아 봐야 몸 좋은 것보다 못하고, 몸 좋아 봐야 마음 좋은 것보다 못하다.'

이 대목에서 창암이는 무릎을 탁 쳤어요.

"음, 관상책대로라면 내 얼굴이나 몸은 그리 좋은 게 아니다. 그렇다면 마음이 좋은 사람이 되어야겠구나."

그 때부터 창암이는 일생을 두고 마음이 좋은 사람이 되고자 애썼지요. 그러나 어떻게 해야 마음 좋은 사람이 될 수 있는가는 아직 알 수가 없었어요.

창암이는 관상책이고 묏자리 보는 책이고 간에 더 이상 흥미가 일지 않아 덮어 버리고, 이번엔 군사에 관한 책을 읽기 시작했어요. 더불어 집안 아이들을 모아 놓고 글을 가르치기 시작했어요. 열여섯 살짜리 총각이 글방 선생이 된 것이지요.

그 즈음 나라 사정은 여러 가지로 어지러웠어요. 갖가지 소문이 시골 구석에까지 들려왔어요. 창암이는 동학에 관한 소문을 들었어요.

'사람은 누구나 똑같다고?'

그러잖아도 양반, 상놈 하며 차별하는 것 때문에 늘 속이 터졌어요. 그런데 동학에선 모든 사람이 똑같다고 하니 귀가 번쩍 뜨였지요. 창암이는 그 길로 갯골에 사는 동학 교도 오응선을 찾아갔어요.

"신분이 높든 낮든, 배움이 있든 없든 사람은 다 똑같습니다. 우리는 모든 사람이 평등한 나라를 세울 것입니다."

창암이는 동학이 주장하는 '평등주의'가 더할 나위 없이 마음에 들었어요.

창암이는 곧바로 동학에 들어갔어요. 그리고 창암이라는 이름 대신 '창수'라는 이름을 쓰기 시작했지요.

창수는 동학에 들어가자 열심히 공부하고 열심히 사람을 모았어요.

"악을 짓지 않고 선을 행하는 것이 동학의 길이오."

창수의 이름은 더욱 널리 퍼져 많은 신도를 거느리게 되었어요. 창수는 팔봉도소의 접주가 되었어요. 동학의 책임자를 '접주'라고 불렀는데, 창수는 어리다고 '아기 접주'라는 별명이 붙었지요. 팔봉도소에는 '척양척왜'라는 깃발을 걸었어요. '서양도 물리치고 왜놈도 물리치자.'는 뜻이지요.

1894년, 창수가 열여덟 살 되던 해의 일이에요. 창수는 동학의 황해도 대표 가운데 한 사람으로 뽑혀 동학의 제2대 교주인 해월 최시형을 만나러 보은으로 갔어요.

"전라도 고부에서 전봉준이 벼슬아치들의 행패를 보다 못해 군사를 일으켰다고 합니다."

"고을 원님이 우리 동학교도의 가족을 잡아 가두고 재산을 빼앗았다고 합니다."

최시형이 큰 소리로 외쳤어요.

"호랑이가 몰려오면 가만히 앉아서 죽을까, 아니면 참나무 몽둥이라도 들고 나가 싸울까?"

각 지방의 접주들은 일어나 싸우기로 했어요.

"썩어빠진 벼슬아치들을 몰아 내고, 조선을 넘보는 다른 나라들을 물리치자!"

동학군은 고부와 전주 등 남부 지방 곳곳에서 승리를 거두었어요. 이에 놀란 조선 정부는 청나라에 군대를 보내 달라고 요청했어요. 그 사이 동학군과 정부는 싸움을 그쳤어요. 정부가 탐욕스런 관리들을 처벌하고 잘못된 정치를 바로잡겠다고 약속하자, 동학군이 스스로 해산을 한 거예요.

하지만 청나라는 이미 군대를 보냈어요. 이를 핑계 삼아 일본도 군대를 보냈지요. 결국 청나라와 일본은 우리나라에서 서로 맞붙어 청·일 전쟁을 일으켰어요.

전쟁에서 이긴 일본은 조선 정부를 더 심하게 닦달하기 시작했어요. 마침내 이를 보다 못한 동학군은 다시 일어났어요.

창수는 신도들 가운데 총이 있는 사람들을 모았어요. 마침 포수들이 많아 총을 가진 사람들이 칠백 명이나 되었지요.

"해주성을 공격하라!"

창수는 맨 앞에서 싸웠어요. 그러나 훈련이 제대로 안

된 군사로는 허술한 성조차도 빼앗을 수 없었어요.
성 위에서 총 소리가 몇 방 나자 동학군들은 겁을 먹고 흩어져 버렸거든요. 창수는 하는 수 없이 후퇴 명령을 내렸어요.

'분하다! 제대로 훈련을 해서 다시 싸워야지!'
창수는 다시 싸울 기회를 기다렸어요.
하지만 동학군을 이끌고 다시 싸울 기회는 영영 오지 않았어요.

동학 농민군은 일본군의 신식 무기를 당할 수가 없었거든요. 아무튼 일본군이 끼여들어 동학군은 다시 일어나기가 힘들어졌어요. 게다가 창수는 앓아 눕기까지 했어요.

지나간 날을 돌아보니 여러 가지 생각이 스쳐 지나갔어요. 창수는 무슨 일이든 치밀한 계획과 연습 없이는 목적을 이룰 수 없다는 것을 깨달았어요. 비록 실패하긴 했지만 동학 활동을 통하여 참으로 많은 걸 깨달았어요.

동학

19세기 말 조선은 서양 문물이 들어오면서 많은 변화를 겪었다. 특히 서학으로 불린 천주교는 점차 그 세력을 늘려 가고 있었다. 이러한 서학에 대항하기 위해 최제우는 1860년 동학을 만들고 동학의 1대 교주가 되었다. 동학은 인내천, 즉 '사람이 곧 하늘이다'라는 사상에 바탕을 두고 있다. 동학은 양반의 지배를 받던 농민을 중심으로 퍼져 갔으며, 모든 사람이 평등한 이상 세계를 만드는 것이 동학의 꿈이었다.

인내천 사상에 바탕하여 동학을 만든 최제우

동학에 뿌리를 둔 동학 농민 운동은 농민이 중심이 되어 외세에 맞서 싸웠다는 점에서 뜻이 깊다.

해월 최시형은 동학의 2대 교주로서 최제우가 처형되고 나자 적극적인 포교로 동학의 세력을 늘려 나갔다. 동학을 종교로 인정해 달라고 고종에게 상소를 올리지만 받아들여지지 않았고, 1898년 체포되어 처형당했다.

3
쓰러지는 나라를 붙들기 위해

 동학 농민 전쟁에서 진 동학군들은 줄지어 잡혀갔어요. 위험을 느낀 창수는 해주의 청계동으로 안 진사라는 사람을 찾아갔어요.

 안 진사는 나름대로 나라 걱정을 많이 하는 사람이었어요. 집안 살림도 넉넉했기 때문에 어려운 사람도 많이 도와 주었지요. 안중근 의사가 안 진사의 큰아들이지요.

 안 진사는 창수의 사람됨을 소문으로 들어 알고 있었어요. 그래서 안 진사는 처음 만나는 창수를 무척 반기었어요.

 "어서 오시오. 궁금해하고 있었는데 이렇게 만나게 되

어 반갑소이다."

소문대로 안 진사는 품이 넓은 사람이었어요.

"부모님은 지금 어디 계시오?"

창수는 고개를 떨구었어요.

"마땅히 계실 곳이 없습니다."

"그럼, 부모님도 이리로 모셔 오시지요."

안 진사는 사람을 시켜 당장 텃골로 가서 창수 부모를 모셔 오라고 일렀어요.

"창수야, 오랜만에 우리 가족이 모여서 살 수 있게 되었구나."

안 진사는 소탈한 성격으로 누구에게나 다정하게 대했어요. 특히 아랫사람들에게도 함부로 하지 않아 누구든 그를 좋아하였지요. 창수는 안 진사에게서 본받을 점을 마음 깊이 새겼어요.

청계동에서 사는 동안 창수에게 영향을 끼친 사람으로 고능선이라는 학자가 있어요. 고능선은 해주에서 청계동으로 옮겨 와 살고 있었는데, 그도 나라 걱정을 무척 많이 하는 사람이었어요. 창수가 살아온 이야기를 들은 고 선생이 말했어요.

"사람이 자기 자신을 알기도 힘든데, 남을 어찌 알겠소? 내가 그대의 앞날을 알아 낼 힘은 없으나 그대에게 분명히 말해 줄 것은 있소이다. 그건 옛 성인들의 삶을 본받아 그대로 살아가라는 것이오. 마음만 먹는다고 되는 것은 아니오. 하지만 본래 지닌 마음만 변하지 않는다면 그대도 성인이 될 수 있을 터이니 끊임없이 노력하시오."

창수는 날마다 고 선생 사랑에 들러 좋은 말씀을 들었어요. 고 선생은 세상 돌아가는 모습을 정확히 읽고 있는 분이었어요.

"예로부터 세상에 잘되어 보지 않은 나라 없고, 망해 보지 않은 나라 없소. 그런데 망해도 거룩하게 망하는 나라가 있고, 더럽게 망하는 나라가 있소. 그 나라 백성이 힘껏 싸우다 힘이 다하여 망하는 것은 거룩하게 망하는 것이요, 그와 달리 백성이 여러 패로 갈려서 한 패는 이 나라에 붙고 한 패는 저 나라에 붙어 외국에 아첨하고 자기 나라 동포끼리 싸우다 망하는 건 더럽게 망하는 것이오."

"옳으신 말씀입니다. 일본만 없었더라면 동학 전쟁도 실패하지 않았을 텐데……."

"왜놈들은 이제 내놓고 우리를 못 살게 굴고 있소. 전쟁

물자에다 사람까지 마음대로 끌어다 쓰고 있소. 게다가 임금을 궁에다 가두기도 해요. 차마 눈 뜨고 볼 수 없는 짓들을 계속하는구려."

왜놈들이 나라 곳곳에서 설쳐 대는 꼴을 얘기할 때 창수는 너무 분해서 울었어요.

"선생님, 어떻게 해야 쓰러지는 나라를 붙들 수 있겠습니까?"

"먼저 우리 조선을 둘러싸고 있는 나라들의 사정을 잘 알아야 하오. 특히 청나라는 전쟁에서 일본에 졌으니 복수할 기회를 노리고 있을 거요. 그러니 당장은 청나라의 사정을 잘 아는 것도 도움이 될 것이오."

그 말을 듣자 창수는 청나라를 직접 한번 다녀오고 싶은 마음이 일었어요.

"저는 아직 어리고 보잘것 없는 사람입니다. 저 같은 사람도 청나라 사정을 살피고 오면 나라에 도움이 될까요?"

"도움이 되다뿐이겠소. 자기가 옳다고 생각하는 건 남이 할 때까지 기다리지 말고 먼저 나서는 게 중요하오. 그러다 보면 그 일을 하는 사람이 자연스럽게 많아질 것이오."

창수는 집에서 기르던 말을 팔아 여비를 마련했어요. 그런 다음 평양으로 가서 참빗이며 붓과 먹 등을 파는 장사꾼으로 꾸미고 길을 떠났지요.

함경도를 거쳐 압록강 기슭을 돌아 만주에 이르렀을 때였어요. 그 때 일본이 궁중에 침입하여 명성황후를 죽인 을미사변이 일어났어요.

그 소식을 듣고 창수는 주먹을 불끈 쥐었어요.

'도저히 있을 수 없는 일이야. 일본놈들, 이대로 넘어갈 수는 없어.'

때마침 만주 삼도구에서 김이언이라는 사람이 일본과 싸울 의병을 모집하고 있었어요.

"국모께서 일본놈들 손에 돌아가셨다. 백성된 자로서 두고만 볼 수는 없다. 우리 모두 일어나 일본놈들을 몰아내자!"

창수도 김이언 의병 부대에 들어갔어요.

"우리는 강계성을 공격해 점령할 것이오. 김창수 동지는 초산과 위원 지역을 돌아다니며 남몰래 포수를 모으는 일과 화약 사 오는 일을 맡아 주시오."

창수는 자기가 맡은 일을 열심히 했어요.

마침내 강계성(평안북도 동북부에 위치)을 공격할 날이 왔어요.

"고산리를 먼저 쳐서 무기를 빼앗은 뒤 강계성을 공격합시다."

창수는 김이언과 생각이 달랐어요.

"그렇게 하면 강계성 수비를 더 단단히 할 것이니 곧장 칩시다."

"아니 되오. 고산리를 먼저 쳐야 하오."

김이언 부대는 고산리 싸움에서 승리한 뒤 무기를 빼앗아 다음 날 강계로 향했어요.

"김 대장, 군사 몇 명을 청나라 군사 차림으로 꾸미는 게 어떻소?"

창수의 말에 김이언은 고개를 저었어요.

강계성 가까이 가자 소나무 숲에서 화승총 불이 번쩍였어요. 숲에서 나온 강계성 장교가 외쳤어요.

"군사들 가운데 청나라 군사가 있소?"

"없소."

그 장교는 고개를 저으며 곧장 돌아갔어요. 잠시 후 갑자기 화승총이 한꺼번에 움직이더니 총알이 빗발치듯 쏟아졌어요. 의병들은 성을 지키던 군사들이 쏘아 댄 화승총 공격에 모두들 도망치기가 바빴어요. 창수는 겨우 몸을 피했다가 청계동으로 다시 돌아가고 말았어요.

청계동으로 가는 길에 존경하는 고 선생의 맏아들 부부가 콜레라로 세상을 떴다는 소식을 들었어요. 창수는 청계동에 도착하자 집에 들르기 전에 고 선생 집에 먼저 들렀어요.

"선생님, 이게 무슨 일이옵니까?"

"허허, 목숨줄이 그 정도밖에 안 되는 걸 어쩌겠나."

고 선생은 오히려 태연한 모습이었어요.

"곧 식 올릴 준비나 하게."

창수는 그 말이 무슨 뜻인지 몰라 한참 동안 어리둥절했어요. 집에 가서야 아버지가 그 동안 일어난 일을 일러 주었어요

"고 선생이 손녀딸과 너를 약혼시키자고 하셨다. 나는 당황스러워서 여러 번 사양했어. 집안으로 보나 배움으로 보나 고 선생 집안과는 차이가 많이 나서 차마 그렇게는 할 수가 없다고 했지. 그런데 고 선생 말씀이 청계동에 와서 많은 청년들을 만나 보았으나 너만한 이는 없다고 하시

는구나.'

그 말에 창수는 몸둘 바를 몰랐어요. 사실 창수 부모는 물론 창수도 고 선생 손녀딸과의 약혼을 좋아했어요. 하지만 이 약혼은 얼마 못 가 깨지고 말았어요. 십여 년 전, 아버지가 함께 술을 마시던 친구에게 서로 사돈 맺자고 한 일 때문이었어요.

창수는 속이 상했지만 어쩔 수 없었어요. 얼마 후 고 선생은 청계동에 더 있을 마음이 없어 고향으로 돌아갔어요. 고 선생이 떠나자 창수 역시 청계동을 떠났어요.

창수는 당분간 결혼 생각을 접고, 나라를 위한 일에 힘을 쏟기로 했어요.

'나라를 위해서 내가 할 수 있는 일은 무얼까? 바깥 세상을 돌아다니며 내 뜻을 펼칠 데를 찾아보자.'

을미사변

1895년에 일본군이 궁궐에 함부로 들어와 명성황후를 시해한 사건이다. 일본은 청·일 전쟁에서 이긴 뒤 동아시아의 중심국이 되었다. 하지만 러시아, 프랑스, 독일의 간섭으로 동아시아 대륙에서 더 이상 세력을 넓히기가 힘들어졌다. 그러한 가운데 조선 정부가 러시아와 가까이 지내자 더 이상 참지 못한 일본이 이런 사건을 일으켰다. 참으로 야만적이고 굴욕적인 사건이다. 하지만 이 사건으로 인해 우리 나라에서는 의병들이 일어났으며, 이 사건이 널리 알려지면서 일본은 국제적인 비난을 받게 되었다.

4
물고기에게 던져 준 원수의 몸

창수는 청계동을 떠나 청나라로 가기 위해 평양으로 갔어요. 마침 단발령이 내려 오가는 길목마다 사람을 붙잡고 상투를 자르느라 난리였어요. 사람들은 머리를 안 잘리려고 평양을 빠져 나와 피난을 가기도 했어요.

"머리는 부모님이 주신 것인데 왜 자르라고 야단이야?"

"세상이 망하려니 별 망측한 일이 다 일어나는구먼."

창수도 가슴 속 깊은 데서부터 화가 치밀어 올랐어요.

"왜놈들 하는 대로 놀아나는 이 형편없는 나라를 들어엎어야 해!"

창수는 자신도 모르게 두 주먹을 불끈 쥐었어요.

안주를 지날 때 보니 뜻밖의 방이 붙어 있었어요. 머리 자르는 일을 멈추라는 내용이었어요.

"이놈의 나라가 어찌 되려고 이랬다저랬다 하는 게야?"

"그래도 얼마나 다행이오. 상투 날아가기 전에 이런 방이 붙어서."

머리를 자르지 말라는 명령을 내린 건 아관파천 때문이었어요. 러시아 세력을 등에 업은 내각이 권력을 잡으면서 고종 황제가 러시아 대사관으로 옮겨 지내야 하는 사건이 일어난 거예요. 그 때문에 그 동안 일본과 손을 잡은 개화파들이 벌여 놓은 일을 모두 없던 일로 돌린 거지요.

'남의 나라에서 일본과 러시아가 힘겨루기를 하고 있으니 이를 어쩐다? 전국에서 의병이 일어나고 있으니, 이럴 때 외국으로 가기보다는 나라 안에 머무는 것이 나을 것 같군.'

창수는 길을 돌려 안악(황해도 북부)으로 가기로 마음먹고, 대동강 하류에 있는 치하포를 향해 나룻배에 몸을 실었어요. 아직 추운 겨울이라 강물에는 얼음산이 둥둥 떠밀려 내려왔어요.

나룻배에는 열대여섯 명의 사람들과 나귀 한 마리가 타

고 있었어요. 그런데 나룻배가 얼음산에 떠밀려 진남포 아래까지 흘러갔다가 다시 상류로 올라가기를 되풀이했어요.

"어! 어! 얼음산에 떠밀리면 어디까지 가는 거요?"

"어디까지 가기나 하겠소? 왔다갔다하다 배가 뒤집어지겠지."

"이게 무슨 벼락이오. 이제 우린 다 죽었구먼."

사람들은 배가 얼음산에 부딪혀 출렁일 때마다 아우성을 질렀어요.

"배가 물 위에 얌전히 떠 있기만 해도 좋겠구먼!"

"그러면 뭐 하오? 이대로 여러 날 나루에 대지 못하면 우린 다 굶어 죽어요. 배 안에 먹을 것이 있어야 말이지요."

"그래도 배가 뒤집히지만 않으면 저 나귀라도 잡아먹으면서 견딜 수 있잖소."

창수는 사람들이 하는 말을 들으며 어떻게 해야 할지를 궁리하더니 소리쳤어요.

"여러분, 조용히 하고 제 말 좀 들어 보시지요."

창수는 이대로 떠들지만 말고 여럿이 힘을 합쳐 얼음산을 떠밀어 보자고 했어요. 창수는 몸을 날려 큰 얼음산으

로 뛰어올랐어요. 그런 다음 큰 얼음산을 딛고서 작은 얼음산을 떠밀었어요.

"끄으으응……."

이렇게 여러 차례 되풀이하다 보니 배가 지나갈 물길이 간신히 트였어요. 마침내 배는 치하포에서 오 리쯤 떨어진 강 언덕에 닿았어요.

"아이구, 살았다!"

사람들은 앞을 다투어 강 언덕으로 뛰어올랐어요. 강 건너 서산으로 지는 달이 아직 희미한 빛을 내고 있을 시각이었어요.

창수를 비롯해 배에서 내린 사람들은 차가운 바람을 맞으며 가까운 주막으로 들어갔어요. 주막에 이르니 뱃길이 막혀 묵고 있는 사람들이 방마다 그득했어요.

창수는 먼저 묵고 있는 사람들 틈에 끼어 잠을 청했어요. 막 잠이 들려고 할 즈음에 먼저 있던 사람들이 일어나 소란을 떨었어요.

"주인장! 오늘 날씨가 좋으니까 새벽 일찍 강을 건너야겠소. 아침상을 지금 들이시오!"

창수도 할 수 없이 일어나 아침 먹을 준비를 했어요.

그런데 바로 그 때였어요. 방 안을 둘러보니 머리를 짧게 자른 사람 하나가 눈에 띄었어요.

'음, 머리를 짧게 자른데다 여기 사람이라고는 하지만 말은 서울 말씨로군. 우리말을 제법 한다마는 말투가 아무래도 왜놈 냄새를 풍기는구나. 어? 두루마기 속에 칼집까지? 그렇다면 저놈은 틀림없이 왜놈이다.'

장사를 하거나 사업을 하는 일본 사람들은 아예 티를 내며 다녔어요. 그런데 저렇게 조선 사람 행세를 하는 게 창수는 예사롭지 않게 느껴졌지요.

'뭔가 뒷조사를 하고 다니는 왜놈이 틀림없어.'

그런 생각이 들자 창수는 그 사람이 어쩌면 황후를 죽인 놈일지도 모른다는 생각이 들어 얼굴이 달아오르고 가슴이 뛰었어요.

'저놈이 우리 국모를 죽였든 안 죽였든, 왜놈 하나라도 죽여 한을 풀리라!'

가만 보니 일행이 많이 있는 것 같지는 않았어요. 열일고여덟 되어 보이는 총각 하나만이 붙어 있었어요.

창수는 잠시 망설였어요.

'저놈들은 둘이고 칼까지 차고 있다. 내가 해낼 수 있을

까?'

바로 그 때 고 선생의 말이 귓전을 울렸어요.

'벼랑을 잡은 손을 탁 놓을 줄 알아야 사내대장부일세!'

창수는 울렁거리는 가슴을 가라앉히고 일부러 사람들의 관심을 다른 데로 돌려놓기 위해 꾀를 내었어요. 뒤늦게 들어온 자기 밥상을 끌어당겨 숟가락질 서너 번으로 눈 깜짝할 새에 다 먹어치운 거예요. 먼저 밥상을 받은 사람들은 채 삼분의 일도 못 먹고 있었어요. 창수는 애써 헛기침을 하며 주인을 불렀어요.

"여보시오, 내가 오늘 해 떨어지기 전에 칠백 리를 걸어가야 하오. 그러니 밥 일곱 상을 더 차려 오시오!"

주인은 어이가 없는지 창수 말엔 대꾸도 하지 않고 손님들을 보며 혀를 찼어요.

"허, 젊은 사람이 미쳤구먼요. 안된 일이네요."

사람들이 창수를 흘깃흘깃 쳐다보며 수군댔어요.

사람들이 뭐라 떠들든 창수는 아무 일 없는 척 목침을 베고 드러누워 때를 엿보았어요. 그 일본 사람은 창수에게 별 관심을 보이지 않았어요. 마침 총각이 밥값을 치르려 먼저 일어섰어요. 창수는 번개같이 몸을 날려 일본 사람의 배를 걷어찼어요.

"이놈!"

일본 사람은 순식간에 뜰 아래로 굴러 떨어졌어요. 창수는 재빠르게 뛰어가 그 사람의 목을 발로 눌렀어요. 이 방 저 방에서 사람들이 놀란 눈을 하며 고개를 길게 뺐어요. 창수는 사람들을 향해 크게 외쳤어요.

"나는 지금 우리 국모를 죽인 원수를 갚기 위해 이놈을 죽이려 한다. 누구든 이 왜놈을 구하려고 덤비면 가만두지 않을 테니 그리 알아라!"

채 말이 끝나기도 전에 일본 사람이 몸을 뒤척이더니 칼을 뽑아 들고 창수에게 덤볐어요. 창수는 얼굴에 떨어지는 칼날을 피하며 발로 그의 옆구리를 세차게 찼어요. 그런 뒤 칼을 쥔 일본 사람의 손목을 힘껏 밟았어요. 칼이 언 땅에 쟁그렁 소리를 내며 떨어졌어요. 창수는 그 칼을 집어 일본 사람의 몸을 찔렀어요. 언 땅 위로 붉은 피가 흘렀어요.

죽은 일본 사람은 일본군 중위였어요. 짐을 뒤져 보니 엽전 팔백 냥이 들어 있었어요. 창수는 그 돈을 그 동네의 가난한 사람들에게 나눠 주도록 했어요.

"음, 이놈 시체는 강물에 던지시오. 왜놈은 우리 백성들하고만 원수가 아니라 우리 강물의 물고기들한테도 원수요. 물고기들로 하여금 원수의 살을 뜯어 먹게 하시오."

창수는 손에 묻은 피를 씻은 다음 주인이 차려온 밥상을 받고는 먹는 시늉을 했어요.

"어, 원수를 갚고 났더니 안 먹어도 배가 불러서 밥이 안 들어가는구먼. 주인장, 붓과 종이를 좀 갖다 주시오."

창수는 붓을 들어 포고문을 한 장 썼어요.

국모의 원수를 갚으려고 왜놈을 죽였노라.

해주 백운방 텃골 김창수

창수는 주인더러 포고문을 큰길 가 벽에 붙이게 하고 안악 군수에게도 보고하도록 이른 뒤 그 곳을 떠났어요.

'이제 내 나이도 스무 살, 조선의 백성으로 산 지 벌써 스무 해나 되었지 않은가? 이제는 나라를 위한 일에 나 자신을 내던질 때도 되었어.'

하지만 아무리 일본 사람이라도 사람을 죽인 건 어쩐지 마음이 꺼림칙했어요.

가까운 읍을 지날 때였어요. 마침 장날이라 사람들이 많았는데, 사람들은 여기저기서 창수 얘기를 해 댔어요.

"히야, 치하포에서 어떤 장사가 한 주먹으로 왜놈을 때려죽였대!"

"얼음산에 배가 끼여서 꼼짝도 하지 않자 강에 뛰어들어 한 손으로 얼음을 밀어서 배에 탄 사람을 모두 살렸대! 진짜로 힘이 장사였나 봐."

"장사니까 밥 일곱 그릇을 눈 깜짝할 새에 다 먹었겠지!"

집으로 돌아가 부모에게 지난 일을 들려주었어요.

"장하구나! 하지만 어디로 몸을 피해야 할 듯싶구나."

그러나 창수는 그럴 생각이 없었어요.

"제가 한 일은 저를 위한 일이 아니라 나라를 위한 일입니다. 그러니 비겁하게 피해 다닐 필요가 없습니다. 만약에 제가 잡혀가 사람을 죽인 벌로 목이 잘린다 하더라도 백성들이 교훈으로 삼으면 저는 원이 없습니다."

부모는 걱정이 많았지만 창수는 어떤 벌이라도 달게 받을 각오를 하고 태연히 집에 있었어요.

단발령

1895년 을미사변이 일어나고 얼마 지나지 않아 일본을 등에 업은 친일 개화파 내각은, 위생상의 이유를 들어 상투를 자르라는 명령을 내린다. 당시 조선 사람들은 일본에 대한 감정이 좋지 않았고, 머리를 자르는 데 대해서도 받아들일 준비가 되어 있지 않았다. 그래서 단발령은 백성들 사이에 큰 반발을 샀다. 심지어는 자살을 하는 사람까지 생겼다. 하지만 몇 달 뒤 러시아를 등에 업은 내각이 들어서면서 단발령은 폐지된다.

개화파

19세기 말, 문호를 개방하고 서양의 선진적인 문물을 받아들여 나라의 근대화를 이루고자 했던 사람들을 말한다. 이들은 중국을 드나들며 견문을 넓히고, 서양 문물을 소개한 책들을 많이 접하면서 개화 사상에 눈뜨게 된다. 개화파는 고른 인재의 등용, 양반 상놈 나누는 신분제의 철폐, 의복 제도의 간소화 등 개혁적인 정책을 실시하기도 하였다. 대표적인 개화파로는 김옥균, 박영효, 김윤식, 박영교, 홍영식, 서광범 등을 꼽을 수 있는데 이들은 일본을 등에 업고 있었다.

5
어머니, 저는 절대로 죽지 않습니다

그로부터 석 달이 지난 때였어요. 아직 새벽이라 창수는 자리에 누워 있는데 어머니가 방문을 열며 다급한 목소리로 말했어요.

"창수야, 우리 집 앞뒤를 낯선 사람들이 에워싸는구나."

어머니 말이 채 끝나기도 전에 쇠채찍과 쇠몽둥이를 든 사람 수십 명이 들이닥쳤어요.

"김창수 맞지?"

"그렇다. 내가 김창수다. 뭣 하는 사람들인데 아침부터 소란을 피우느냐?"

무리 가운데 한 사람이 앞으로 나서더니 체포 명령장을

내보였어요. 그러자 사람들이 우르르 몰려들어 창수를 묶어세웠어요.

쇠사슬에 꽁꽁 묶인 창수는 삼십여 명이나 되는 순검과 사령들이 끄는 대로 따라갔어요. 동네 사람들 누구도 겁이 나서 집 밖을 나와 보지도 못했어요. 내막을 모르는 사람들은 창수가 동학을 해서 끌려가는 줄로만 알았어요

창수는 이틀 만에 해주 감옥에 갇혔어요. 어머니, 아버지는 거기까지 따라왔어요.

"우리 아들, 감옥에서 굶지나 않아야 살아남을 텐데."

어머니는 밥을 빌어다 먹이고, 아버지는 관아의 아는 사람들을 찾아다니며 창수를 풀어 달라고 사정했어요. 하지만 워낙 큰 사건이라서 누구 하나 거들떠보지도 않았어요.

옥에 갇힌 지 한 달이 넘었을 때였어요. 창수는 목에 큰 칼을 쓴 채 감사 앞으로 끌려갔어요.

감사가 날카로운 목소리로 물었어요.

"네가 안악 치하포에서 일본 사람을 죽이고 도둑질을 했다면서?"

"그런 일 없소."

창수가 딱 잡아떼자 감사가 화를 버럭 냈어요.

"이놈, 네가 한 짓에 증거가 있고 증인까지 있는데 누구 앞이라고 거짓말을 하려 드느냐? 여봐라, 저놈을 단단히 다루어라!"

사령들이 달려들어 창수의 두 발목과 무릎을 칭칭 동여매고 붉은색 몽둥이 두 개를 다리 사이에 밀어 넣었어요. 그런 뒤 한 사람이 하나씩 잡고 힘껏 눌러 주리를 틀었어요. 정강이 살이 터져서 뼈가 허옇게 드러났어요.

"으으으윽……."

창수는 참다 참다 그만 기절하고 말았어요. 그러자 주리 트는 걸 멈추고 얼굴에 찬물을 끼얹었어요. 창수가 간신히 정신을 차리자 감사가 다시 물었어요. 그러나 창수는 감사가 묻는 말에 대답하는 대신 이렇게 말했어요.

"체포 명령장을 보면 알겠지만 내 일은 여기서 다루어서는 안 되오. 중앙으로 보고해 주시오."

창수는 서울에 가기 전에는 일본 사람을 죽인 까닭을 말하지 않을 생각이었지요.

두 달이 지나자 창수를 인천 감리영으로 데려갈 순검들이 왔어요.

"창수야, 고생이 많구나. 네 옥바라지를 위해 아버지는 살림을 정리하러 집으로 가셨다. 나는 너랑 같이 가련다."

어머니가 인천으로 옮겨 가는 창수에게 말했어요.

여러 날을 걸은 뒤 나진포에 이르러서는 인천 가는 배를 탔어요. 배가 강화도를 지날 때쯤 더위에 지친 순검들은 잠이 들었어요. 달도 없는 어두운 밤이었어요. 어머니가 뱃사공도 들리지 않을 정도로 작은 소리로 말했어요.

"애야, 이렇게 끌려가면 왜놈들 손에 죽을 일밖에 남지 않았다. 그러느니 차라리 저 맑은 물에 나와 함께 뛰어들어 죽은 귀신으로나마 같이 다니자꾸나."

어머니는 창수의 손을 잡고 뱃전 가까이 다가갔어요. 창수는 어머니 속이 검게 타 들어갔을 걸 생각하니 마음이 찢어질 것만 같았어요. 그러나 조그만 소리지만 힘있게 말했어요.

"어머니, 저는 절대로 죽지 않습니다. 제가 나라를 위해 사무친 정성으로 한 일이라서 하늘이 도울 것입니다. 절대로 죽지 않으니까 그런 말씀 마십시오."

그제야 어머니는 손을 놓으며 한숨을 내쉬었어요.

"네가 죽으면 네 아버지랑 나도 같이 따라 죽자고 약속

했다."

 어머니는 하늘을 향해 두 손을 비비며 들리지 않는 소리로 뭔가를 빌었어요. 바다는 여전히 어두컴컴했고 배 옆구리에 와서 부딪치는 물결 소리만 높았어요.

 마침내 창수는 인천에 도착하여 감옥에 갇혔어요. 재물을 빼앗으려고 사람을 죽인 강도가 되어서 말이에요.

 '나를 강도로 몰아도 하는 수 없다. 제대로 말할 기회가 올 때까지는 꾹 참아야 한다.'

 어머니는 남의 집 식모살이를 하며 창수의 옥바라지를 했어요. 음식이나 다른 물건들을 사서 넣어 주기 위해서였어요. 하지만 날이 너무 더운데다 감옥 안이 더러워서 창수는 그만 장티푸스에 걸리고 말았어요. 병에 걸린 창수는 보름 동안이나 아무것도 먹지 못했어요. 그래서 기운이 다 빠져 버렸지요. 마침 신문이 시작되어 창수는 옥사쟁이의 등에 업혀 나갔어요.

 피고나 증인에게 말로 물어 사건을 조사하는 사람인 신문관이 물었어요.

 "재물을 빼앗으려고 일본 사람을 죽인 적이 있지?"

 "국모의 원수를 갚기 위해 일본 사람을 죽인 적은 있으나 재물을 빼앗기 위해 죽인 적은 없소이다."

창수는 남의 등에 업혀 나온 환자답지 않게 또렷한 목소리로 당당하게 말했어요. 그러자 신문장은 마치 찬물을 끼얹은 듯 조용해졌어요. 신문관은 물론, 곁에 있는 사람들도 아무런 말을 못 하고 멍하니 쳐다보기만 할 뿐이었어요. 다만 한 사람, 일본 순사 하나만이 뭐라고 떠들었어요.

창수는 일본 순사를 보자 피가 끓었어요.

"이놈! 개 같은 놈아! 만국공법 어디에 그런 조항이 있더냐? 서로 장사하며 잘 지내자고 약속해 놓고 국모를 죽이라는 조항이 있더냐? 내가 살아서는 이 몸으로, 죽어서는 귀신이 되어서 너희 임금을 죽이고 너희 왜놈들을 모두 죽여 원수를 갚고 말리라."

일본 순사는 겁에 질려 마구 욕설을 퍼부으며 물러가고 말았어요. 꿋꿋한 창수의 태도에 모두들 감동을 받았어요. 신문관조차 얼굴을 붉히며 말을 하지 못했어요. 모여 있던 사람들 모두 창수를 칭찬했지요.

감옥으로 다시 돌아온 창수는 예전과는 다른 대우를 받았어요. 특히 신문관이 직접 나서서 방을 옮겨 주었지요.

"김창수는 다른 죄수와 다르니 특별 대접을 하도록 하라. 방도 옮기고 몸도 묶지 말라."

그 사람은 어머니에게도 돈을 주며 아들에게 보약을 해 주라고 했어요.

다음 날부터는 사람들이 면회를 오기 시작했어요. 재판을 지켜보던 관리와 구경꾼들이 창수에 대한 칭찬을 했기 때문이지요.

다음 번 재판이 시작되었을 때 신문관은 일부러 창수 곁을 지나가며 슬쩍 말했어요.

"오늘도 왜놈이 와 있으니까 저번처럼 기운껏 호통을 치시오."

신문관이 창수의 죄에 대해 이야기하라고 말했어요.

"지난번에 다 대답을 해서 별달리 할 말이 없소."

창수는 간단히 대답한 뒤 재판을 지켜보는 일본 순사를 향해 꾸짖는 말을 퍼부었어요. 창수의 말을 듣고 있던 사람들이 입을 모아 말했어요.

"야, 속이 다 후련하구먼."

그 다음 번 신문 때는 더 많은 사람들이 모였어요. 창수는 자신을 보기 위해 모인 사람들에게 큰 소리로 외쳤어요.

"여러분, 왜놈들이 우리 국모를 죽인 걸 부끄럽게 생각해야 하오. 이대로 가다간 여러분의 아들딸들도 왜놈들이 다 죽일 것이오. 그러니 나처럼 여러분들도 왜놈들을 보는 대로 다 때려죽이시오. 왜놈들을 죽여야 우리가 사오!"

그러자 신문 때마다 나와 있던 일본 순사가 다가와 빈정거렸어요.

"나라에 대해 그토록 충성심이 강한 사람이 벼슬은 왜 못 했지?"

"나는 벼슬을 못 할 상놈이니까 보잘것 없는 왜놈 하나밖에 못 죽였다. 그러나 벼슬하는 양반들은 언젠가 네놈들 황제의 목을 베어서 원수를 갚을 것이다."

거침없는 창수의 대꾸에 질렸는지, 일본 순사는 더 이상 입을 열지 못했어요.

신문이 끝난 뒤 젊은 관리가 창수에게 책을 넣어 주었어요.

"이 책에는 다른 나라들의 사정이 자세히 적혀 있으니 읽어 보십시오."

창수는 그 책을 읽으며 많은 생각을 하게 되었어요.

'음, 세상은 이렇게 정신없이 돌아가는데 우리 백성들

은 배우지 못해 안타깝구나. 남에게 먹히지 않으려면 저마다 배워서 힘을 길러야 한다.'

창수는 우선 감옥 안에 있는 사람들만이라도 글을 가르치기로 했어요.

창수 덕분에 감옥은 학교가 되었어요. 창수는 죄수들에게 글을 가르치는 한편, 죄수들과 어울려 노래도 배우고 다른 죄수들의 소장을 대신 써 주기도 하며 보냈어요.

그러던 어느 날 창수를 사형시킨다는 기사가 신문에 나고 말았어요.

"선생님, 이를 어쩌지요? 선생님 같은 분이 돌아가시면 안 되는데……."

죄수들은 마치 자기가 죽게 되기나 한 것처럼 슬퍼했어요. 하지만 창수는 태연히 책을 읽으며 시간을 보냈어요. 밥을 들고 온 어머니 역시 태연했어요.

"장하구나, 내 아들아! 나는 네가 자랑스럽다."

사형 날짜는 바싹바싹 다가왔어요. 감옥 안 사람들은 모두 마른 침을 넘기며 창수 걱정을 했어요.

'목숨이 끊어질 때까지 성현의 말씀대로 살아야 한다. 비록 이대로 죽는다 해도 내 뜻은 세상에 알렸으니 후회할

것 없다.'

정해진 날, 정해진 시간이 다가올수록 창수는 마음을 가라앉히고 단정히 앉아서 책을 읽었어요.

'모든 건 하늘의 뜻에 맡기고 나는 한시라도 헛되이 쓰지 말고 열심히 공부를 해야 한다. 우리보다 잘 사는 나라가 왜 잘 사는지를 알아야겠다.'

마침내 사형 집행일이 되었어요. 인천 감옥에서는 사형 집행을 언제나 오후에 했어요. 점심이 들어왔어요.

'이 밥이 세상에서 먹는 마지막 밥이 되겠구나.'

그런데 어찌 된 일인지 오후가 다 가도록 아무런 소식이 없었어요.

저녁 때가 되자 밥이 또 들어왔어요. 사람들은 창수가 특별한 죄수라서 밤에 사형 집행을 하나 보다 생각했어요.

'허허, 생각지 못한 밥을 한 끼 더 먹게 되는구나.'

그러던 어느 순간 밖이 떠들썩했어요. 창수는 눈을 감고 조용히 기다렸어요.

'드디어 때가 왔나 보다.'

다른 죄수들은 자기가 죽으러 나가기나 하는 것처럼 무서워 벌벌 떨었어요.

"창수, 어느 방에 있소?"

밖에서 창수를 부르는 소리가 났어요.

"이 방이오."

바로 그 때였어요. 방문이 열리는 대신 들뜬 목소리가 들렸어요.

"창수는 살았소, 축하하오. 황제 폐하께서 창수를 죽이지 말라는 명령을 내렸소! 안 그래도 여기 있는 높으신 분들도 아침부터 망설이고 있었어요. 모두 우리 손으로 어찌 창수를 죽일 수 있느냐고 말이오."

서울과 인천 사이에 전화가 놓인 지 며칠 안 된 때였어요. 황제는 창수가 예사 죄수가 아니라는 걸 뒤늦게서야 알고 전화로 명령을 내렸대요.

감옥 안은 지금까지의 긴장된 분위기와는 달리 왁자지껄해졌어요.

"얼씨구나, 좋을씨고! 우리 선생님이 살게 되었네!"

온갖 춤이 다 나오고 노래가 터져 나왔어요.

"우리 선생님은 미리부터 알고 있었나 봐."

창수가 하루 종일 태연히 책이나 보며 지낸 것은 이렇게 될 줄 알고 그런 것이라며 모두들 창수를 다시 보기 시

작했어요.

어머니도 창수가 절대로 죽지 않는다고 한 말을 떠올렸어요.

'우리 아들이 앞날을 내다볼 줄 아는가 보네.'

다음 날이 되자 창수를 면회하러 오는 사람이 아주 많았어요. 그래서 창수는 아예 옥문 안에 자리를 깔고 사람들을 맞았어요.

만국공법
나라와 나라 사이의 질서와 관계에 대해 이러저러한 것을 표시한 법, 국제법이라고 한다.

김구와 《태서신사》
창수는 감옥에 있는 동안 아버지가 들여보낸 《대학》을 읽고 또 읽었다. 이어 젊은 관리가 넣어 준 책으로 인해 새로운 문화에 눈뜨게 된다. 그 관리가 준 책은 《태서신사》이다.

《태서신사》는 19세기 유럽의 역사를 다룬 책으로, 특히 교육의 중요성을 강조하고 있다. 영국을 비롯한 유럽 여러 나라들이 부강한 나라를 만들 수 있었던 것은 모두 교육을 중시한 덕분이라는 것이다. 창수가 감옥에서 죄수들에게 글을 가르치고 나중에 교육 운동에 힘을 쏟았던 것도 이 책을 읽고 깨달은 바가 컸기 때문이다. 이 책을 통해 외국의 정치, 경제, 문화, 교육, 법률 등이 우리 나라 것보다 훨씬 앞서 있다는 걸 깨닫고, 외국 것을 무조건 모른 체만 할 것이 아니라 좋은 것은 받아들여 나라의 힘을 기르는 것이 중요함을 깨닫는다. 《태서신사》는 당시의 깨어 있는 지식인들에게 인기가 높아 널리 읽혔으며, 정부도 이 책의 보급에 힘을 기울였다.

6
새로운 세상을 꿈꾸며

창수를 죽이지 말라는 황제의 명령이 있었지만 창수를 풀어 준 건 아니에요.

시간은 자꾸만 흘러가는데 창수를 풀어 줄 기미가 안 보이자, 강화도의 김주경이라는 사람은 자신의 재산을 털어 가며 창수를 구하기 위해 노력했어요.

김주경은 강화도에서 힘깨나 쓰는 사람으로 옳지 못한 일을 보면 참지 못하는 성질을 가졌어요. 그리고 재산도 꽤 지니고 있었고요.

"김창수는 훌륭한 사람입니다. 나라를 위해서도 꼭 필요한 사람이에요. 그러니까 그 사람을 구해야 합니다."

김주경은 자기 손이 닿는 데는 모조리 힘을 써 봤어요. 사건의 내용을 적어 윗사람에게 진정서도 넣어 보고 직접 찾아가서 사정도 해 보았지요. 그러나 관리들은 이런저런 핑계만 대면서 누구 하나 나설 생각을 하지 않았어요. 일본 사람 눈치보기에 급급했던 거지요.

답답한 마음에 김주경은 창수에게 편지를 보냈어요.

'김 선생님, 제 생각에는 감옥을 탈출하는 한이 있더라도 감옥에서 나오시는 것이 나라를 위해서도 좋을 듯싶습니다.'

'탈옥까지 해서 목숨을 이어나갈 필요가 있을까?'

창수는 구차하게 목숨을 구하고 싶은 생각이 없어 감옥에서 그대로 머물러 있었어요. 하지만 창수를 구해 내려다 재산을 모두 날린 김주경의 뒷소식을 듣고는 점차 마음이 흔들렸어요.

더구나 같이 감옥살이하는 죄수들 가운데서도 창수가 자기들과 함께 감옥에서 도망가 주기를 바라는 이가 생겼어요.

"저희들을 좀 구해 주십시오. 선생님의 가르침을 세상에 나가 값지게 쓰고 싶습니다. 여기서 죽기는 싫습니다."

창수도 그들을 보면 안타까웠어요.

'저들이 죄를 지었다지만 지은 죄에 비해 죄값이 너무 무거워.'

창수는 마침내 감옥에서 도망치기로 결심했어요.

'상감이 나를 죽이지 말라고 한 건 나를 죄인으로 보지 않는다는 말이다. 더구나 김주경 같은 이는 나를 살리려다 재산까지 모두 날리고 말았다. 그건 보통 백성들도 나를 죄인으로 보지 않는다는 뜻이다. 게다가 관리며 장사꾼이며 할 것 없이 아버지, 어머니께 나를 칭찬하는 말을 한다고 하지 않는가? 그렇다면 내가 감옥살이하는 걸 좋아할 사람은 오로지 왜놈들뿐이다.'

창수는 아버지가 면회 왔을 때 조용히 부탁했어요.

"아버님, 세모난 쇠꼬챙이 하나만 들여보내 주십시오."

아버지는 무슨 뜻인지 얼른 알아차리고 그 날 저녁 당장 새 옷에 쇠꼬챙이를 싸서 들여보내 주었어요. 창수는 사람들이 보지 않는 틈을 타서 쇠꼬챙이로 바닥에 깔린 벽돌을 들어 냈어요. 그리고 땅 속으로 사람이 빠져 나갈 만한 구멍을 파기 시작했어요.

마침내 탈출하기로 한 날이 왔어요. 저녁에 어머니가

밥을 가지고 왔을 때 역시 조용히 말했어요.

"어머님, 오늘 저녁에 감옥에서 나갈 테니 오늘 밤 당장 배를 타고 고향으로 돌아가셔서 제가 찾아갈 때까지 기다리십시오."

그 날 저녁 감옥 안에서는 잔치가 벌어졌어요. 창수가 미리 다 짜 놓은 계획이지요. 소란스럽게 노는 틈을 타서 창수는 같이 탈옥할 사람들을 불렀어요. 그리고 미리 파 놓은 구멍을 통해 감옥 밖으로 나왔어요.

창수는 다른 사람들이 먼저 사다리를 타고 담을 넘도록 도와 주었어요. 하지만 먼저 나간 사람들이 널빤지로 된 울타리를 넘느라 소란을 떠는 바람에 그만 들키고 말았어요. 호각 소리와 함께 죄수들을 쫓는 급한 발자국 소리가 들렸어요.

창수는 아직 담도 넘지 못한 채 서 있었어요. 사다리를 타고 담을 넘을 만한 시간 여유가 없었어요.

'이 일을 어쩐다?'

창수는 급한 김에 옆에 놓인 몽둥이를 짚고 담을 훌쩍 뛰어넘었어요. 그런 뒤 널빤지 울타리 쪽으로 가지 않고 감옥의 정문을 향해 걸었어요. 여차하면 싸움을 하게 될

지도 몰라 쇠창살은 손에 꼭 쥐고 있었어요.

다행히 정문에는 아무도 없었어요. 모두 비상 소집에 들어간 모양이에요.

창수는 당당하게 걸어 정문을 나섰어요. 창수는 마침내 감옥에 들어온 지 2년 만에 바깥 세상으로 다시 나왔어요.

'그런데 어디로 가야 하지?'

인천은 길도 잘 알지 못하는데다, 사방이 캄캄하고 밤안개까지 자욱하게 끼어 있었어요. 어딘지 알 수 없는 곳을 이곳 저곳 헤매다 보니 날이 밝기 시작했어요.

'아니. 여태껏 제자리걸음을 했잖아?'

창수는 밤새 감옥이 있는 언덕 가까이를 맴돌고 있었던 거예요. 그다지 멀지 않은 곳에서 순사 한 명이 달려오는 게 보였어요. 창수는 얼른 길가에 있는 남의 집 아궁이 속으로 몸을 숨겼어요.

'큰일날 뻔했네.'

순사가 아궁이를 지나 멀리 가 버리자 창수는 아궁이에서 나왔어요.

'낮에는 위험해서 다닐 수가 없겠어.'

창수의 차림새는 남의 눈에 금방 띄게 생겼어요. 아픈

뒤끝에 빠진 머리털이 아직 다 자라지 않아 머리에는 수건을 썼어요. 또 옷은 새 옷인데 감옥을 빠져 나올 때 흙이 여기저기 묻어 누가 보아도 이상하게 여길 수밖에 없었어요. 그러니 조심스러울 수밖에 없었지요. 멀리서 호각 소리가 들리고 사람들 모습도 보였어요.

'차라리 큰길 가의 솔밭에 숨는 게 나을지도 몰라.'

창수는 소나무 아래에 몸을 숨긴 뒤 솔가지로 얼굴을 가렸어요. 아니나 다를까 순사들이 바로 창수가 누워 있는 곳 옆으로 지나갔어요.

"휴우."

낮에는 그렇게 숨어 있다가 해가 지고 나서야 창수는 일어났어요. 하루 종일 물 한 모금도 먹지 못해 배에서는 쪼르륵 소리가 났어요.

창수는 거지 노릇을 하며 밥을 얻어먹기도 하고, 미친 사람 노릇을 하며 사람들 눈길을 피하기도 했어요.

죽을 고생을 한 끝에 창수는 서울에 도착했어요. 감옥에서 같이 지낸 사람을 찾아갔더니 무척 반가워하며 먹여 주고 재워 준 뒤 갓이며 옷도 새로 갖추어 주었어요. 창수는 그 사람한테서 노잣돈까지 얻어 다시 길을 떠났어요.

가는 데마다 감옥에서 같이 지내던 사람들을 만나며 이곳 저곳을 돌아다녔어요.

충청도와 전라도, 경상도를 두루 돌아본 뒤 창수는 계룡산 갑사로 향했어요. 그 곳에서 창수는 길동무 하나를 만났어요.

"나는 공주 사는 이 서방이라 하오. 마곡사(충청남도 공주에 있는 절)에 가서 스님이 되려고 집을 나섰소. 같이 가지 않겠소?"

앞으로 어떻게 뜻을 펼쳐 나가야 할지도 막막하고, 피신해 다니느라 몸과 마음이 지쳐 있던 창수는 얼떨결에 길동무를 따라 마곡사로 향했어요.

마곡사는 저녁 안개에 잠겨 있었어요. 쇠북 치는 소리와 저녁 예불 소리가 귓전을 울렸어요. 절에 오자 창수는 마음이 깨끗해지는 것 같은 느낌이 들었어요.

저녁 예불을 마친 이 서방이 다가왔어요.

"세상 모든 일 다 잊고 우리 함께 스님이 되어 마음공부나 합시다."

그 말에 창수는 스님이 되기로 마음을 먹었어요. 창수는 거기서 머리를 깎고 반 년 정도 지냈어요. 그러나 마음

이 안정되지 않고 자꾸만 들썩거렸어요.

'부모님은 어떻게 지내고 계실까?'

창수는 금강산에 들어가 공부를 더 하겠다는 핑계를 대고 그 절을 떠났어요.

길을 가다 만난 스님 덕분에 고향 곁을 지날 때 부모를 만날 수 있었어요. 부모는 창수 때문에 온갖 고생을 한 뒤 고향에 돌아와서는 자나깨나 창수 걱정을 하느라 많이 늙고 약해진 모습이었어요.

"어머니, 아버지……."

창수의 부모는 창수와 헤어지기 싫어서 같이 길을 떠났어요. 창수는 평양에서 우연히 알게 된 사람의 소개로 어떤 절의 주지가 되었어요. 부모를 모시고 차마 구걸을 하며 다닐 수는 없어 절로 들어간 것이지요. 하지만 몸만 절에 있을 뿐 마음은 절에 없었어요.

'이러고 있을 때가 아니야. 이젠 스님 노릇을 그만 해야겠어.'

창수는 절 생활을 청산하고 부모를 고향으로 모셔다 준 뒤 김주경의 소식이 궁금하여 강화도로 갔어요.

'나를 구하려다 재산을 다 날리고 소식조차 끊긴 김주

경을 만나고 싶은데…….'

김주경의 고향집을 찾았으나 역시 김주경의 소식은 알 수 없었어요. 그 대신 김주경의 동지인 유인무를 알게 되었어요.

"유인무라고 합니다. 만나서 반갑습니다. 김주경과 저는 돈으로도 법으로도 당신을 구할 수 없다면 강제로 빼내는 수밖에 없다고 생각하고 탈옥시킬 계획까지 세웠습니다. 저희가 한 발 늦긴 했지만 아무튼 잘 하셨습니다."

"부끄럽습니다. 저를 보고 실망하지는 않으셨는지요."

"아닙니다. 생각했던 대로 당당해 보입니다. 참, 김창수라는 이름은 너무 알려져서 행동하기가 불편하실 겁니다. 이름을 '구'로 바꾸어 '김구'로 하면 어떻겠습니까?"

창수는 고개를 끄덕였어요. 이리하여 김창수는 김구로 바뀌어 그 이름으로 평생을 살게 되지요. '구'의 한자는, 처음엔 거북 구(龜)를 쓰다가 나중에는 아홉 구(九)로 바꾸어 썼어요.

유인무는 여러모로 김구를 도우려 애를 썼어요. 또 뜻이 통하는 사람들도 여럿 소개해 주었어요. 김구는 유인무를 비롯해 새로운 사람들을 알게 된 게 무척 힘이 되었어요.

유인무의 집에 머물고 있던 어느 날 밤이었어요. 꿈에 아버지가 나타난 거예요.

"애야, '황천길' 할 때 '황천'이라는 글자를 써 보렴."

김구는 깜짝 놀랐어요. 황천이라는 말은 저승이라는 말과 같은 뜻이거든요.

"아버님, 왜 그런 글자를 쓰라고 하세요?"

잠시 후 꿈에서 깨어난 김구는 한숨을 내쉬었어요.

"어휴, 꿈이었구나! 그런데 아버지께 무슨 일이……."

이튿날, 날이 밝는 대로 김구는 길을 떠났어요. 길을 떠난 지 나흘 만에 해주에 도착하여 먼저 고 선생을 만나뵈었어요. 하룻밤을 자며 옛 스승과 제자는 여러 이야기를 나누었어요. 그러나 두 사람은 세상을 보는 눈이 많이 달랐어요. 스승과 아쉬운 이별을 하고 고향집에 도착해 마당에 들어서자 어머니가 부엌에서 뛰어나왔어요.

"아이고, 네가 오는구나! 아버지가 좋지 않으시단다. 아까 너를 들먹이며 왔으면 들어오지 않고 왜 뜰에 서 있느냐고 하기에 헛소리로 여겼는데, 네가 정말로 왔구나."

김구는 방안으로 뛰어들어갔어요.

"아버지, 제가 왔어요."

아버지는 눈을 힘없이 뜨고 아들을 쳐다보았어요.

김구는 정성껏 아버지를 돌보았어요. 하지만 아버지는 날이 갈수록 병세가 나빠졌어요.

'맞아, 그렇게라도 해 보자!'

옛날에 아버지가 손가락을 잘라 할머니한테 그 피를 먹이던 생각이 떠오른 거예요. 김구는 칼로 자신의 넓적다리 살을 한 점 베어 피는 아버지의 입에 흘려 넣고, 살은 약이라고 하여 구워서 먹였어요. 그러나 아들의 지극한 정성에도 아랑곳없이 아버지는 얼마 되지 않아 숨을 거두고 말았어요.

스승 고능선

김구는 해주 집으로 가는 길에 스승으로 모셨던 고능선을 만났다. 유학을 떠받들던 고 선생은, 중국은 큰 나라라 하여 높이 받들면서도 서양은 오랑캐로 여겨 여전히 업신여겼다. 외국 물건이라고는 성냥 한 개비도 쓰지 않을 정도로 성질도 완고하였다. 김구는 서양 문물의 좋은 점을 열심히 설명했지만 스승의 생각을 바꿀 수는 없었다.

옛 스승과 제자는 서로 다른 시대를 사는 사람이 되고 말았다.

7
어려운 결혼, 그리고 다시 감옥으로

아버지 장례를 치른 뒤 주위에선 나이가 찬 노총각 김구를 보고 장가들라며 성화였어요. 하지만 이미 여러 차례 결혼을 하려다 실패한 터라 썩 내키지가 않았어요.

게다가 지난번에 약혼했던 여자의 장례까지 손수 치른 뒤였어요. 그 일이 있은 뒤 김구는 기독교인이 되었어요.

"제겐 장가드는 일보다 나라를 구하는 일이 더 중요해요."

그러던 가운데 결혼 얘기가 또 나왔어요. 그런데 이번에도 결혼하기가 쉽지 않았어요. 처녀의 어머니가 이미 다른 사람에게 결혼을 허락했기 때문이에요.

"어머니, 어쩜 제 생각은 알아보지도 않으시고 마음대로 결정을 하셨어요? 전 그렇게 할 수는 없어요. 전 제 뜻대로 결혼할 거예요."

처녀는 김구와 결혼을 하겠다는 것이었어요. 그 처녀가 고집을 피운 덕에 김구는 마침내 장가를 들 수 있게 되었어요.

이 즈음 김구는 끈질긴 수소문 끝에 마침내 유인무로부터 김주경의 소식을 알게 되었어요.

"김주경은 남몰래 붓 장사를 하다 그만 죽고 말았대요."

김구는 뜻밖의 소식에 한동안 아무런 말도 하지 못한 채 눈물만 흘렸어요.

"나를 구하려다 재산까지 모두 날리고…… 참으로 고마운 사람이었는데……. 내 목숨 하나 이어 가는 데 벌써 많은 사람의 신세를 졌구먼. 정말이지 신세를 갚기 위해서라도 나라를 위해 큰 일을 해야 해."

그 사이 일본은 청나라와 러시아를 물리치고 강제로 을사조약을 맺어 조선을 마음대로 다스리려 했어요. 을사조약으로 외교권을 빼앗기게 되면 우리 나라는 국제 사회에서 활동을 할 수 없게 되지요.

김구는 마음이 바빴어요.

'이대로 가다간 왜놈들이 조선을 완전히 집어삼킬 텐데 어떻게 하나?'

나라 곳곳에서 의병이 일어났지만 전쟁에 대한 준비가 없어서 실패했어요. 김구는 기독교인들과 함께 서울로 올라가 임금께 상소도 하고 길거리에서 연설을 하기도 했어요. 일본군은 군중을 해산시키면서 많은 사람들을 잡아갔어요.

"이대로 상소를 계속할 필요가 없을 것 같소."

"차라리 아는 것이 별로 없는 백성들에게 나라가 바로 제 집이라는 것을 깨닫게 하는 것이 나을 것 같구려."

김구는 황해도 서명의숙을 시작으로 하여 학생들을 가르치는 일을 했어요.

김구는 가끔씩 사람들을 모아 놓고 연설도 했어요.

"양반도 깨어라! 상놈도 깨어라! 삼천리 강토와 2천만 동포에게 충성을 다하여라!"

한번은 황해도 각 군을 돌며 교육 사업을 하다가 어느 군에서 '우리가 일본을 반대하고 물리쳐야 하는 이유는 무엇인가?'라는 제목으로 연설을 했어요. 그랬더니 군수를 비롯해 각 관청의 관리며 일본인들의 얼굴이 흙빛으로 변했어요. 그 일로 김구는 경찰서에 끌려가 고생을 했어요. 그러나 김구는 끝까지 자신의 뜻을 굽히지 않았어요.

바로 그 무렵 안중근이 이토 히로부미를 쏘아 죽인 사건이 있었어요.

'안중근이라면 청계동의 안 진사 아들이 아닌가? 정말 큰 일을 했구나!'

김구는 가슴이 뭉클했어요. 그 일로 김구는 풀려나지 못하고 해주 감옥에 갇혔어요.

"안중근과 무슨 관계가 있는 것 같은데?"

"안중근 아버지하고만 알고 지내는 사이였소."

검찰은 이리저리 조사를 해 보아도 김구가 안중근과 직접적인 관계가 없다는 것이 밝혀지자 할 수 없이 풀어 주었어요.

안악으로 돌아온 김구는 교육 사업에 더욱 힘을 쏟았어요. 그러는 사이 일본은 조선을 자기들 손아귀에 넣고 말았어요. 한일 합병이 된 것이지요. 우리 나라는 모든 통치권을 완전히 빼앗기고, 일본의 지배를 받게 된 거예요.

경복궁 근정전에는 일장기가 내걸렸고, 지도에서는 조

선이라는 이름이 사라져 버렸어요. 울분을 참지 못해 스스로 목숨을 끊는 사람까지 생겼어요.

"아, 분하다! 나라를 일본에 빼앗기다니……."

그 해 겨울, 김구는 서울에서 열린 신민회의 비밀회의에 황해도 대표로 다녀왔어요. 신민회는 1907년에 국권 회복을 목적으로 만들어진 비밀 결사 조직이에요. 이 회의에선 나라를 찾기 위해 몇 가지 다짐을 했어요

"나라 안에서는 무력으로 싸우고, 나라 밖 만주에서는 무관 학교를 세우고 광복군을 길러 끝까지 일본과 싸워야 합니다. 그래야만 빼앗긴 나라를 되찾을 수 있습니다."

다음 해 김구는 '안악 사건'의 관련자로 지목되어 다시 경찰서에 잡혀갔어요. 일본은 처음부터 독립 운동의 싹을 자르기 위해 안악 사건 같은 것을 조작해 수많은 애국 지사들을 체포해 갔어요.

"김구, 당신 안악에 사는 부자들을 협박해서 독립 운동 자금을 빼앗았지?"

"그런 일 없소."

"시치미떼지 마. 그 돈으로 서간도에 무관 학교를 세우려 했지?"

"그런 생각 한 일 없소."

일본 경찰은 김구가 순순히 대답을 하지 않는다면서 못살게 굴었어요. 매질을 하고 화롯불에 달군 쇠꼬챙이로 몸을 지지고 거꾸로 매단 채 코에 물을 붓는 고문을 했어요.

"으으윽……."

하지만 고문을 한다고 해서 하지도 않은 일을 했다고 할 수는 없었어요.

"김구, 징역 17년!"

김구는 서대문 감옥으로 옮겨졌어요. 이 사건의 주동자로 찍힌 안명근은 죽을 때까지 감옥 생활을 해야 하는 종신형을 받았어요. 안명근은 안중근의 사촌 동생이지요.

김구가 서대문 감옥에 갇혀 있을 때 어머니가 면회를 왔어요.

"나는 네가 경기 감사가 된 것보다도 더 기쁘다. 당당하게 지내거라. 식구대로 다 오고 싶었는데, 면회는 한 사람밖에 안 된다고 해서 나만 왔다. 네 아내랑 딸은 밖에 있다. 우리 세 식구는 잘 있으니까 아무 염려 말아라. 너는 네 몸이나 잘 돌보도록 해라."

어머니의 목소리는 조금도 떨리지 않았어요. 김구는 그

런 어머니를 보고 더욱 힘을 얻었어요.

'어머니께 옥바라지나 시키는 아들을 용서하세요. 하지만 괴롭고 고생스러우시더라도 조금만 참으십시오. 우리가 왜놈들 발길질을 받으며 살 이유가 없지 않습니까?'

얼마 후 일본은 마치 은혜라도 베풀듯이 김구와 그 동지들의 징역 햇수를 줄여 주었어요. 이래서 김구는 5년 형으로 줄고, 종신형을 받았던 안명근은 20년 형으로 줄었어요.

감옥에 있는 동안 김구는 이름의 '구'자를 '아홉 구(九)'자로 바꾸었어요. 그리고 호도 '연하(蓮下)'에서 '백범(白凡)'으로 바꾸었지요.

'이름을 바꾸어서라도 왜놈들 국적에서 벗어나야 한다. 그리고 우리 나라에서 가장 천한 사람이 백정이다. 백정과 배운 것 없는 평범한 사람들까지도 애국심을 가지고 살면 좋겠어. 그런 뜻에서 내 호를 백범으로 해야겠어.'

김구는 우리 나라 사람 누구나 나라 사랑하는 마음을 가지기를 간절히 바랐어요.

안악 사건

한일 합병 후 일본은 식민지 정책을 쉽게 펴기 위해서 적당히 조선인들에게 겁을 줄 필요가 있었다. 그래서 '105인 사건'이나 '안악 사건' 같은 일을 억지로 만들어 내어 독립 운동가들을 심하게 고문하고 감옥에 가두었다. 안악 사건은 안명근이 안악 지방의 부자들에게 독립 운동 자금을 걷다가 생겨난 일이다. 즉 돈을 걷어다가 만주에 무관 학교를 세우려 했던 것이 들통이 나고 만 것이다. 이 사건으로 여러 사람이 감옥살이를 하게 되었다.

8
자나깨나 나라의 독립만 생각하는 사람

　형기를 2년 정도 남겨 두었을 때였어요. 김구는 제2과장인 왜놈과 싸운 게 화가 되어 인천 감옥으로 옮겨졌어요.
　"허허, 이 곳을 또 들어오다니!"
　그 감옥에서 도망친 지 17년 만에 김창수가 김구가 되어 다시 들어온 것이지요.
　'내가 옛날의 김창수라는 걸 들키지 않아야 될 텐데…….'
　김구는 그 곳에서 공사장에 끌려다니며 갖은 고생을 다 하였어요. 몸 이곳 저곳이 부르트고 멍이 들었어요.
　'차라리 높은 데서 떨어져 죽어 버릴까?'

그러나 이내 고개를 저었어요.

'저 사람은 기껏 담배값이나 훔치다 들어왔으니 한두 달이면 감옥에서 나갈 텐데 나랑 몸이 묶여 있다는 것 때문에 억울하게 죽을 수는 없지 않은가!'

꾹 참고 견디다 보니 감옥에서 나갈 날이 되었어요.

김구를 보자마자 어머니가 눈물을 흘렸어요.

"너는 살아왔지만 너를 그토록 보고 싶어하던 네 딸 화경이는 그 새 죽고 없단다. 일곱 살밖에 안 된 그 어린것이 죽을 때 아버지한테는 연락하지 말라고 해서 안 했다. 아버지가 알면 얼마나 마음이 아프시겠냐며 그랬단다."

김구는 눈물 젖은 눈으로 하늘을 쳐다보았어요. 하늘나라 어딘가에 가 있을 딸이 무척이나 보고 싶었어요.

'화경아, 네가 아버지를 그렇게 생각하다니…… 정말 고맙구나! 너한테 결코 부끄럽지 않은 아버지가 되마.'

김구는 우선 몸과 마음을 다스릴 겸 아는 사람의 농장에 가서 농촌 사업을 하기로 했어요. 김구는 농장 중에서도 사정이 좋지 않은 농장으로 가서 일을 했어요.

"여러분, 저는 이 농장을 살기 좋은 농장으로 만들려고 합니다."

김구는 학교도 세우고 땅도 골고루 나누어 주었어요.
"김 선생님 덕분에 올 농사는 풍년입니다."
모두들 즐거운 마음으로 곡식을 거두어들였어요.

한일 합병 이후 조선의 사정은 몹시 나빠졌어요.
일본은 여러 가지 법을 만들어 조선인들의 땅과

재산을 야금야금 자신들의 것으로 만들면서 세력을 늘려 갔어요. 모든 것이 일본인의 손으로 넘어가면서 조선인들은 점점 살기가 힘들어졌어요.

"이건 나라를 합친 게 아니라, 일본에게 나라를 빼앗긴 거요."

"맞아, 일본 사람들이 우리 걸 전부 빼앗아 가려고 하잖아."

조선 사람들은 늦게나마 일본에게 나라를 빼앗겼다는 사실을 뼈저리게 느끼기 시작했어요.

"이래 가지고는 살 수가 없어. 어떻게든 나라를 되찾아야 해."

조선 사람들의 마음은 점점 독립에 대한 바람으로 가득 차기 시작했어요.

마침내 1919년 3월 1일을 시작으로 온 나라에 만세 소리가 울려 퍼졌어요. 3·1 독립 운동이 일어난 거지요.

"만세! 만세! 대한 독립 만세!"

일본에게 억지로 나라를 빼앗긴 뒤, 나라를 다시 찾으려고 온 겨레가 일어선 거예요. 많은 사람들이 태극기를 들고 거리로 쏟아져 나왔어요.

"이 조센징 놈들이 감히 우리 일본국에 대들어!"

일본 경찰은 총칼로 사람들을 마구 쏘고 찔렀어요. 수많은 사람들이 일본 사람의 총과 칼에 맞아 숨을 거두고 감옥으로 끌려갔어요.

김구도 당장 거리로 뛰쳐나가고 싶었어요.

'참아야 해. 자칫 잘못하면 일본 헌병의 의심을 사게 돼.'

김구는 독립 운동을 하기 위해 중국으로 갈 준비를 하고 있었거든요. 그래서 떠나기 전날에도 들에서 아무 일 없다는 듯이 가래질을 하고 있었어요. 일본 헌병의 눈을 따돌리기 위해서였지요.

김구는 나무를 사러 가는 장사꾼 차림을 한 뒤 열차로 압록강을 건넜어요. 그리고 안동현에서 배를 타고 중국의 상하이로 갔어요.

그 동안 여기저기서 추진되던 임시 정부가 하나로 힘을 모아 제대로 서게 되었어요.

'내 몸이 부서지더라도 반드시 우리 나라의 독립을 이루리라.'

김구는 임시 정부의 내무 총장 일을 보는 안창호에게

말했어요.

"안 총장, 부탁이 하나 있소이다."

"무슨 부탁이십니까?"

"우리 임시 정부의 문지기 일을 내게 맡겨 주시오."

"문지기라니요? 무슨 말씀이신지……."

"말 그대로지요. 내 소원은 우리 정부가 서면 그 정부 건물의 문지기를 하면서 마당을 쓰는 거였소. 지금 비록 임시 정부이긴 하지만 여기서라도 그 일을 하고 싶은 게요."

"역시 선생님은 대단하신 분입니다. 그러나 선생님 같은 분이 문지기나 해서는 아니 되옵니다. 그보다 더 중요한 일이 많이 기다리고 있습니다."

안창호는 이 일을 국무 회의에 올렸어요. 대부분의 사람들이 김구가 문지기 일을 해서는 안 된다고 입을 맞춘 듯이 말했어요.

"선생님이 문지기 일을 보면 젊은 사람들이 드나들기가 불편해서 안 된답니다. 그러니까 선생님은 경무국장 일을 맡아 주시지요."

김구는 할 수 없이 문지기 대신 경무국장 일을 맡았어

요. 경무국은 경찰이 하는 일과 비슷한 일을 하는 곳이에요.

"경무국장님, 국장님이 예전의 김창수였다는 것이 밝혀졌답니다."

"그래요? 허허. 그래도 고맙구먼. 내가 이 곳으로 온 뒤에야 그걸 밝혔으니."

김구는 속으로 일본 앞잡이를 하는 사람들의 마음 속에도 티끌만큼의 애국심은 있다는 생각을 했어요.

김구가 임시 정부에서 일을 한 지 일 년이 지났을 때 김구의 아내가 맏아들 인을 데리고 상하이로 왔어요. 두 해 뒤에는 김구의 어머니도 상하이로 오고, 둘째 아들 신이 태어났어요.

김구는 비록 남의 나라이지만 처음으로 가족들이 모이는 기쁨을 맛보았어요. 그러나 그 기쁨은 오래 가지 못했어요. 아내가 둘째 아들을 낳은 뒤 얼마 안 되어 세상을 떠난 거예요. 김구는 아내가 세상을 떠나자 가슴이 찢기는 슬픔을 느꼈어요.

"여보, 나 때문에 고생만 하고…… 이제 겨우 가족이 함께 모여 사는가 했더니 이렇게 먼저 세상을 떠나는구려."

김구의 어머니는 며느리 대신 어린 손자 신을 키우느라 애를 먹었으나, 아들이 가족 때문에 큰 일을 못 하면 안 된다고 생각했어요.

"나라를 위해 큰 일을 해야 할 사람이 집안일 때문에 정신을 빼앗기면 안 된다. 우선 나랑 신이가 이 곳을 떠나마."

마침내 어머니는 신을 데리고 고국으로 돌아갔어요. 얼마 뒤 첫째 아들 인도 결국 고국으로 돌아가 김구는 다시 혼자 남게 되었어요.

가족을 떠나보낸 뒤 김구는 자나깨나 오직 나라의 독립만 생각했어요. 그런데 그 즈음의 임시 정부는 사람도 없고 돈도 없어 허울만 있을 뿐, 제대로 활동을 하지 못하고 있었어요. 임시 정부를 위해 일하겠다고 모인 사람들은 먹고살기 위해 이곳 저곳으로 흩어졌어요. 일본의 감시가 심해지자 독립 운동 자금이 제대로 들어오지 못했기 때문이에요.

"백범 선생, 선생말고는 임시 정부를 맡아 이끌 사람이 없습니다. 국무령을 맡아 주시지요."

김구는 처음에는 사양했지만 결국 국무령이 되어 임시

정부를 이끌게 되었어요. 국무령은 임시 정부의 최고 책임자이지요.

"국무령 한 사람이 너무 많은 일을 하게 되어 있어요. 이걸 국무 위원 모두가 똑같이 나누어 갖는 게 좋겠소."

김구는 국무령제를 국무 위원제로 바꾸고 자신은 주석이 되었어요. 주석은 회의할 때만 대표이지 다른 때는 국무 위원과 똑같았어요. 임시 정부는 차차 틀이 잡혀 갔어요.

일본 경찰이 김구를 잡기 위해 많은 현상금을 걸어 놓았기 때문에 김구의 생활은 말이 아니었어요. 일본 경찰을 피해 이리저리 돌아다녀야만 했고, 먹는 것도 이집 저집 동포 집을 돌아다니며 얻어먹다시피 했어요. 그야말로 거지와 다름없는 생활이었어요.

김구는 나라일을 걱정하는 마음 한 구석에 언제나 가족에게 미안한 마음을 지니고 있었어요.

'나는 나라를 위해 살다 언제 어떻게 죽을지 모르는 사람이다. 한 가족의 가장으로서 내가 아이들을 위해 할 수 있는 일은 무엇일까?'

생각 끝에 김구는 자신이 살아온 삶의 모습과 생각을 글로 남기기로 마음먹었어요.

"네 소원이 무엇이냐?" 하고 하느님이 물으시면, 나는 서슴지 않고, "내 소원은 대한 독립이오" 하고 답할 것이다. "그다음 소원은 무엇이냐?" 하면 나는 또, "우리나라의 독립이오" 할 것이오, 또,

"아들들아, 이건 너희 아버지의 삶의 기록이란다."

나중에 《백범 일지》로 알려진 김구의 자서전은 이렇게 해서 시작되었어요. 《백범 일지》는 우리가 백범의 삶에 대해서 알 수 있는 중요한 기록이랍니다.

 임시 정부

국제법상 인정받지 못하는 정부를 뜻한다. 한일 합병과 함께 조선의 정부는 없어지고 말았다. 그 때부터 수많은 독립 운동가들은 나라 안팎에서 독립 운동을 했다. 그래서 독립 운동의 중심이 되는 기관이 필요했고, 1919년 3·1 운동 직후 조국의 광복을 위해 국내외의 독립 운동가들이 중국 상하이에 모여 대한 민국 임시 정부를 조직하여 선포했다. 대한 민국 임시 정부는 1945년 독립 때까지 일제의 탄압을 피해 여러 지역으로 청사를 옮겨 다니며 항일 독립 운동을 이끌었다.

한자리에 모인 임시 정부 요인들

9
자신의 몸을 나라에 바친 사람들

　독립군은 임시 정부의 지휘 아래 중국 이곳 저곳에서 일본군과 맞서며 싸움을 벌였어요. 1920년 김좌진과 홍범도 장군이 이끄는 독립군은 청산리와 봉오동 전투에서 큰 승리를 거두었어요. 국내에서는 1926년 6·10 만세 운동과 1929년 광주 학생 운동이 일어나, 수많은 사람들이 대한 독립 만세를 외쳤어요.
　"조선 독립 만세!"
　"우리는 노예가 아니다! 더 이상 노예 교육을 하지 말라!"
　"힘없는 나라를 못살게 구는 일본 제국주의는 물러가

라!"

열 명 중 여섯 명의 학생들이 학생 운동을 할 정도로 큰 규모의 시위가 이어졌어요. 적어도 5만 4천 명이 넘는 학생들이 만세 운동을 벌였어요.

일본은 아시아 대륙 전체를 식민지로 만들기 위해 계속 전쟁을 했어요. 그리고 전쟁에 필요한 물자를 조선에서 가져가기 시작했어요. 일본은 중국과 전쟁을 치르면서 만주를 손아귀에 넣었어요. 그러는 바람에 독립군은 만주 지역에서 활동하기가 훨씬 어려워졌어요.

1937년 중·일 전쟁이 시작되어 폭격이 심해지자 임시 정부 청사는 이곳 저곳으로 옮겨 다니다 1940년에 충칭에 자리를 잡았어요.

"만주는 독립군 활동의 발판이 되는 곳인데 일본의 손아귀에 들어갔으니 어쩌면 좋겠소?"

임시 정부에서 일을 맡은 사람들은 머리를 맞대고 궁리에 궁리를 거듭했어요.

"아무래도 지금까지와는 다른 방법을 쓰는 수밖에 없겠소."

"무슨 방법입니까?"

"나라를 위해 자신의 몸을 바칠 사람을 모집해서 왜놈들의 우두머리들을 하나씩 해치우는 거요. 하다못해 그놈들의 중요한 건물이라도 폭파합시다."

"맞습니다. 그래야만 우리 민족이 살아 있다는 것을 알릴 수 있소. 또 우리 민족에게 나라를 되찾기 위해 노력하는 모습도 보여줄 수 있소. 아마 전쟁을 하는 것 못지않게 효과가 있을 것입니다."

"좋습니다. 그렇다면 비밀 조직을 만들어야겠군요."

그리하여 비밀 조직인 '한인 애국단'이 생겨났어요. 김구에게 그 일이 맡겨졌지요.

김구는 더욱 바쁘게 하루하루를 살아야 했어요. 사람을 만나고 일을 꾸미는 게 모두 김구의 몫이었으니까요. 그런 김구에게 젊은이 하나가 찾아왔어요.

"김구 선생님이시죠?"

"예, 그렇소이다만."

"저는 이봉창이라고 합니다. 저에게도 일을 맡겨 주십시오."

"일이라니요?"

"아, 독립 운동 하는 일 말입니다."

김구는 너무나 쉽게 독립 운동을 이야기하는 이봉창의 가벼운 듯한 태도가 어딘지 모르게 믿음이 가지 않았어요. 그래서 며칠을 두고 지켜보기로 했지요.

며칠이 지나 김구가 이봉창을 찾아갔어요.

"정말로 할 수 있겠소?"

"할 수 있습니다. 아무 말씀도 하지 않으셔서 걱정했습니다. 저같이 노동일이나 해 먹고 사는 사람은 안 되나 보다라는 생각이 들어서요."

"나라를 위하는 일에 그런 걸 따질 게 뭐 있겠소."

"고맙습니다. 저는 독립 운동을 하기 위해 여기까지 왔습니다. 아직 젊은 나이지만 나라를 위한 일이라면 목숨까지 바치겠습니다."

"고맙소이다. 내가 일 년 안에 이 동지가 할 일을 만들겠소."

김구와 이봉창은 한 달에 한 번씩만 만나기로 했어요. 그 동안 이봉창은 일본 사람들이 많이 사는 곳으로 가서 아예 일본 사람의 공장과 가게에서 일을 하며 때를 기다렸어요. 이봉창은 일본말을 잘했으므로 일본인 행세를 할 수 있었거든요. 동포들은 이봉창의 이런 태도를 보고 김구에게 곧잘 언짢은 말을 했어요.

"그 사람, 믿어도 됩니까? 일본 사람보다 일본말을 더 잘해요!"

그런 말을 들을 때마다 김구는 입을 다물었어요. 뭔가 큰 일을 준비하기 위해서는 말을 함부로 할 수가 없었거든요.

마침내 1년이 거의 다 되었어요. 김구는 이봉창을 조용히 만났어요.

"준비가 다 되었소이다."

"고맙습니다."

김구는 준비해 둔 돈과 수류탄을 이봉창에게 건네 주었어요. 미국에 사는 동포들이 마련해 준 돈이었어요. 돈은 일본으로 갈 때 쓰기 위한 것이고, 수류탄은 일본의 천황을 죽이기 위한 것이에요.

"선생님, 저를 믿고 이렇게 모든 걸 준비해 주셔서 고맙습니다."

이봉창이 일본으로 떠나기 전, 두 사람은 기념 촬영을 했어요. 아무리 나라를 위하는 일이라지만 젊은 사람을 죽음으로 내모는 것 같아 김구는 마음이 편치 않았어요.

"선생님, 얼굴 좀 펴십시오. 나라를 위한 일을 하러 가는데 그런 낯을 하고 계시면 어떡합니까?"

이봉창은 상하이를 떠나 일본의 도쿄로 갔어요. 마침내 기다리던 날이 오자 이봉창은 수류탄을 몸에 지닌 채 일본 천황이 참석하는 행사장으로 갔어요.

이봉창은 사람들 속에서 천황이 탄 마차가 가까이 오기를 기다렸어요. 마침내 천황이 환영 나온 사람들에게 손을 흔들며 가까이 다가왔어요.

"이 때다!"

이봉창은 천황을 향해 수류탄을 던졌어요.

"휘익…… 콰쾅……."

그러나 안타깝게도 수류탄은 일본 천황을 맞추지 못했어요. 이봉창은 일본 경찰에게 붙들려 고문을 당한 끝에 죽고 말았어요. 하지만 그의 죽음은 단순한 죽음으로 끝나지 않았어요.

'조선의 이봉창, 일본 천황에게 수류탄을 던지다!'

온 세계의 신문들은 이봉창의 의로운 행동을 크게 알려 주었어요.

"응? 조선이라는 나라가 있었나?"

비록 천황을 죽이지는 못했지만 우리 겨레의 뜻과 용기는 세계에 알릴 수 있었어요.

그 일로 일본은 김구를 더욱 심하게 감시하기 시작했어요. 그래서 김구는 일본 경찰의 눈을 피해 낮에는 몸을 숨기고 밤을 도와 활동했어요.

그 즈음 윤봉길이라는 사람이 찾아왔어요. 윤봉길 역시 이봉창처럼 애국심으로 불타는 사람이었어요.

"저는 여기서 뭔가 큰 일을 하려고 왔습니다. 제게도 도쿄 사건 같은 일을 맡겨 주십시오."

김구는 윤봉길을 믿음직스럽게 바라보며 말했어요.

"왜놈의 천황 생일 행사가 오는 4월 29일에 열리는데 그 때 큰 일을 해 주시오."

"실수 없도록 하겠습니다."

윤봉길은 상하이 훙커우 공원에서 열리는 행사장에 폭탄을 던지기로 했어요.

마침내 행사 날이 되었어요. 김구는 윤봉길과 마지막 아침 식사를 했어요. 윤봉길은 아무 일도 없다는 표정으로 밥을 먹었어요. 아침을 먹은 뒤 윤봉길은 자신의 시계를 김구에게 주었어요.

"어제 한인 애국단 입단식을 한 뒤 산 시계입니다. 선생님 시계보다 비싼 시계입니다. 선생님, 제 것과 바꾸시지

요. 저한테 시계는 앞으로 한 시간만 필요하니까요."

김구는 윤봉길의 시계를 받았어요. 윤봉길의 시계를 받는 손이 떨리고 목이 메었어요.

"윤 동지, 우리 나중에 땅속에서 다시 만납시다."

그 날 윤봉길은 물통처럼 보이는 폭탄을 가지고 행사장으로 갔어요. 행사가 시작된 지 얼마 안 되었을 때 윤봉길은 행사장 한가운데로 폭탄을 던졌어요. 순식간에 행사장은 아수라장이 되고 말았어요. 그 행사장에 온 높은 자리의 일본 관리들 십여 명이 죽거나 다쳤어요.

김구는 행사장 소식을 듣고 눈물을 흘렸어요.

'윤 동지, 기어코 해냈구려.'

그 날 이후 김구의 목엔 엄청난 현상금이 걸렸어요. 김구는 더욱 몸조심을 하며 숨어 다녀야만 했어요.

'할 수 없군. 낮에는 숨어 지내고 밤에 활동을 해야겠어.'

한편 이봉창과 윤봉길의 폭탄 사건이 있은 뒤 일본 경찰은 걸핏하면 김구의 어머니를 찾아가 괴롭혔어요. 그래서 김구는 어머니를 다시 중국으로 건너오게 했어요. 어머니는 인과 신을 데리고 다시 중국으로 왔어요. 서로 못 본 지 거의 십 년 만이지요.

어머니는 김구를 보자마자 이렇게 말했어요.

"나는 지금부터 너라고 부르지 않고 자네라고 높여 부르겠네. 자네가 군관 학교를 세워 젊은이들을 데리고 훈련도 하고 교육도 시킨다니 아무리 내 아들이지만 어찌 함부로 대하겠는가?"

그 후 어머니는 세상을 뜰 때까지 한결같이 아들을 높이 대했어요

1938년, 중국에는 조선의 독립을 위해서 활동하는 단체들이 여럿 있었어요.

"일본과 싸우기 위해서는 힘을 하나로 모아야 합니다."

김구는 그런 단체들의 힘을 하나로 통일하기 위해 애를 썼어요. 결국 2년 뒤엔 김구의 바람대로 여러 단체들이 하나로 힘을 모았어요.

단체들의 연합을 위해 힘쓰던 중, 어머니가 병환으로 돌아가셨어요. 어머니는 세상을 뜰 때도 나라의 독립에 대해 걱정했어요.

"내가 아무래도 죽을 때가 되었나 보네."

"마음 약한 소리 하지 마십시오."

"내 목숨은 내가 잘 아네. 아쉬운 것은 우리 나라의 독

립을 못 보고 죽는 것이네. 꼭 이루기 바라네."

"흑흑, 어머니! 걱정하지 마시고 이제 편히 쉬세요. 꼭 독립을 이루어 낼게요."

어머니는 독립 운동을 하는 아들 때문에 하루도 편히 못 지냈어요. 그래서 김구는 어머니의 죽음 앞에서 더욱 가슴이 미어졌지요.

윤봉길 의거

거사를 앞둔 윤봉길과 김구

윤봉길은 상하이 훙커우 공원에서 열린 일본의 전승 축하 기념회에서 폭탄을 던져, 주요 인물들을 암살하고 죽음을 맞았다. 윤봉길 의거가 성공하면서 독립군에게 적대적이었던 중국 사람들의 태도가 크게 바뀌었다. 그 동안은 일본의 간사한 꾀에 넘어가 우리 동포와 중국인들 사이에 큰 싸움이 벌어지기도 하였다. 그러나 윤봉길 의거로 독립군과 중국 사이의 교류, 합작이 활기를 띠었고 항일 연합 전선을 펴는 데도 큰 도움이 되었다. 미국, 멕시코, 쿠바 등지의 한인 교포들의 성원도 줄을 이어 독립 운동은 더욱 힘을 받게 되었다.

10
해방, 그리고 통일의 길

　1940년에 접어들면서 일본의 탄압은 점점 더 심해졌어요.
　"아니 이름을 일본식으로 바꾸고, 일본말을 쓰라고?"
　"어디 그것뿐인가? 전쟁을 한답시고 숟가락 젓가락까지 몽땅 가져가지, 쌀이란 쌀은 싹 쓸어 가서 이젠 먹을 것도 없어. 젊은이들은 군대에 끌고 가지, 처녀들은 정신대로 데려가지. 이젠 정말 더는 못 참겠구먼."
　"빨리 독립을 해야지, 이대로는 못 살겠어."
　김구는 이제 일본을 이기려면 군대를 만들어 싸우는 수밖에 없다고 생각했어요.
　1940년, 김구는 한국 광복군을 조직하고 총사령관에 이

청천, 참모장에 이범석을 임명했어요. 그런 다음 대한 민국 임시 정부의 이름으로 일본에게 선전 포고를 했어요.

"우리는 남의 나라를 짓밟는 일본을 물리치기 위해 있는 힘을 다해 싸울 것을 온 세상에 알리노라!"

1941년 12월 9일의 일이지요. 그 날은 일본이 미국의 진주만을 공격하여 '태평양 전쟁'이 시작된 다음 날이에요.

김구는 또 임시 정부가 국제 사회에서 우리 나라를 대표하는 정부로 당당하게 인정받도록 하기 위해 애를 썼어요. 한 나라를 대표하는 정부는, 세계 다른 나라의 인정을 받아야만 한 나라의 정부로서 역할을 제대로 할 수 있기 때문이에요.

"광복군이 제 구실을 다해서 다른 나라 군대와 함께 어깨를 나란히 겨루는 일이 중요하오. 그리고 임시 정부가 다른 나라의 인정을 받는 것도 중요하오. 그래야만 나중에 일본이 전쟁에서 졌을 때 우리가 당당한 독립 국가가 될 수 있는 것이오."

끈질긴 노력 끝에 마침내 중국은 임시 정부와 광복군을 독립된 국가의 정부와 정식 군대로 인정했어요. 이제 우리 나라도 국제 사회에서 독립된 국가로 인정을 받게 된 거예요.

1945년 1월, 마침 일본군에 강제로 끌려간 학도병 가운데 47명이 도망쳐 왔어요. 그들은 가슴에 태극기를 달고 애국가를 부르며 임시 정부로 왔어요.

김구는 너무나 감격스러웠어요.

"여러분이 찾아와 주어서 정말 힘이 납니다. 여러분은 일본이 아무리 우리 나라 젊은이를 전쟁터로 내보내도 그들의 뜻대로 되지 않는다는 걸 확인시켜 주었습니다."

중국인들도 그들 일행을 위해 환영회를 열어 주었어요. 외국 기자들과 대사관 사람들도 그들을 취재하기 위해 모였어요.

김구는 그들을 광복군에 들어가게 했어요. 김구는 더욱 힘을 얻어 미국의 특수 부대와 함께 광복군 특공대를 조직했어요.

"우리의 힘으로 나라를 찾아야 나중에 뒤탈 없이 우리 뜻대로 나라의 틀을 짜 나갈 수 있습니다. 그러기 위해서 특공대 여러분께 간곡히 부탁드립니다. 여러분은 훈련이 끝나는 대로 조국으로 들어가서 일본군을 공격해 주세요. 여러분의 어깨에 우리 나라의 희망찬 미래가 달려 있습니다."

특공대 훈련은 3개월 동안 계속되었어요. 훈련이 끝나자 대원들은 저마다 어디로 들어갈 것인지를 명령받았어요. 이제 출발 날짜만 정해지면 드디어 조국을 위해 그 동안 훈련 받은 대로 용감하게 싸울 거예요. 김구는 이들이 국내로 들어가 제대로 활동할 수 있도록 하기 위해 바삐 뛰었어요.

한편 그 해 8월 초, 미국은 일본의 히로시마에 원자폭탄을 떨어뜨렸어요. 그리고 소련도 일본을 치기 위해 만주 쪽에서 쳐내려오기 시작했어요. 일본은 무조건 항복을 하고 말았어요.

"일본이 항복했다. 조선이 해방되었다!"

"만세! 만세! 조선 독립 만세!"

일본이 항복함으로써 우리 나라는 해방이 되었어요. 나라 안팎에서는 해방의 기쁨을 감추지 못하고 만세 소리가 터져 나왔어요.

그러나 김구와 광복군은 무조건 기뻐할 수도 없었어요.

"우리가 일본을 직접 쳤어야 나중에 당당할 수 있는데, 남의 손을 빌려 얻어 낸 독립이라 많은 문제들이 생길 것이오. 이제 어찌해야 좋을지."

광복군 대원들은 모두 싸움 한번 제대로 해 보지 못하고 해방을 맞이한 걸 아쉬워했어요.

김구가 걱정한 대로 모든 일이 뒤틀리기 시작했어요. 임시 정부도 제대로 대접을 받지 못했고, 독립을 위해 애쓰던 사람들도 제대로 대접을 받지 못했어요. 그래서 김구를 비롯한 임시 정부 사람들은 임시 정부 임원의 자격이 아닌, 개인 자격으로 고국에 돌아와야 했어요.

어찌 되었든 김구는 26년 만에 고국에 돌아왔어요. 그의 나이도 이제는 칠순을 바라보고 있었어요. 비행기를 타고 중국 땅을 떠나 조국의 공항에 도착했을 때 환영 나온 사람은 아무도 없었어요.

"이럴 수가……."

김구가 돌아온다면 반길 사람이 너무나 많다는 것을 알고 미국이 정확한 날짜와 시간을 숨긴 거예요. 심지어는 환영 위원회조차 김구가 서울에 도착했다는 사실을 모르고 있을 정도였어요.

미국은 우리 나라에 영향력을 행사하기 위해서 임시 정부도, 임시 정부의 주석인 김구도 인정을 하지 않은 거예요.

김구는 그 해 말, 서울 운동장에서 열린 환영식에서 이렇게 말했어요.

"우리는 독립된 주권을 찾고 자주, 평등, 행복의 새 조국을 건설해야 합니다!"

짐작했던 대로 미국과 소련은 한반도의 남쪽과 북쪽에 각각 군대를 머물게 하고, 우리 나라 정치에 간섭을 하기 시작했어요. 이른바 군정이 시작된 거예요. 새로운 나라를 세우는 데 주인인 우리는 뒷전이었어요. 일본 대신 새로 들어온 나라들이 큰 소리를 치기 시작했어요.

김구는 속이 탔어요. 나라 안 사정은 몹시 복잡했어요. 정치적 성격을 띤 수십 수백 개의 단체들이 어지럽게 설쳐 댔어요. 그러는 사이 해방의 기쁨을 누릴 새도 없이 미국과 소련에 의해 남과 북에 따로 정부가 세워지려고 했어요.

"우리는 통일 정부를 세워야 합니다. 이대로 따로따로 정부를 세웠다가는 나라는 영원히 두 쪽 나고 맙니다. 그뿐만이 아닙니다. 이러다간 자칫 같은 겨레끼리 총을 들고 싸움질을 하게 될지도 모릅니다."

김구는 우리 나라의 완전한 독립을 원했어요. 반쪽으로 나뉜 나라가 아니라 하나의 나라, 우리 스스로 주인이 되는 그런 나라를!

하지만 남과 북 어느 쪽에서도 김구의 말을 귀담아듣는 정치 지도자는 없었어요. 그래서 김구는 위험을 무릅쓰고 삼팔선을 넘어 북한에도 다녀왔어요. 그 곳에서 김일성을 만나 회의도 했어요.

"통일을 위해서라면 나는 삼팔선을 베개 삼아 죽을 각오가 되어 있습니다."

그런 김구의 뜻과는 달리 남한에서는 '대한 민국'이, 북한에서는 '조선 민주주의 인민 공화국'이 세워졌어요.

낯선 중국 땅에서 조국의 독립을 위해 그토록 애를 썼건만 결국은 완전한 독립을 이루지 못해 김구는 안타까움에 마음이 무거웠어요.

김구의 뜻에 반대하는 세력들은 걸핏하면 김구를 비난하기 시작했어요.

"에잇, 김구 때문에 시끄러워 죽겠군. 이미 정부가 생겼는데 아직도 저러고 있어?"

"김구 선생, 나라가 둘로 나뉘면 어떻소? 이대로 잘 다스리기만 하면 될 것 아니오."

김구의 귀엔 어떤 비난의 소리도 들리지 않았어요. 김

구의 마음 속에는 오로지 나라를 위한 것밖에 없었어요. 그래서 그런 말들을 따져 볼 여유도 없었어요.

"내 몸뚱이가 부서질 때까지 할 일은 첫째도 통일이고, 둘째도 통일이고, 셋째도 통일이오. 통일만이 우리 나라의 진정한 독립을 가져올 수 있기 때문이오."

김구는 끝까지 통일에 대한 자신의 생각을 굽히지 않았어요.

"삼천만 동포에게 눈물로 호소합니다. 마음 속의 삼팔선이 무너지고서야 땅 위의 삼팔선도 무너질 수 있습니다. 통일하면 살고, 나뉘면 죽습니다."

"김구, 그 사람 정말 못 말릴 사람이군. 이제 그만 해도 되잖아?"

"아무래도 입을 다물게 해야 조용할 것 같아."

"그렇지? 저대로 두면 너무 시끄럽잖아?"

이미 둘로 나누어진 나라의 권력을 거머쥔 사람들은, 김구를 눈엣가시로 여기기 시작했어요.

어느 일요일 아침이었어요. 갑자기 김구가 살던 경교장 2층에서 총 소리가 났어요.

"어? 무슨 소리지?"

비서가 급히 뛰어올라갔어요. 그 때 포병 장교인 안두희가 손에 총을 들고 계단을 내려오고 있었어요. 비서가 갔을 때 김구는 이미 피투성이가 되어 쓰러져 있었어요. 급히 의사가 도착했지만 의사는 고개를 저었어요.

"돌아가셨습니다."

아! 우리 겨레의 크나큰 희망이던 김구는 그렇게 저세상으로 떠나고 말았어요. 그토록 원하던 조국의 완전한 독립을 보지도 못한 채 말이에요. 1949년 6월 29일, 만 73세의 나이였어요.

김구가 총을 맞고 숨을 거두었다는 소문은 삽시간에 퍼져 나갔어요.

"어떻게 이런 일이…… 김구 선생님, 흐흐흑."

사람들이 몰려들었어요. 나라 전체가 슬픔에 잠겼어요. 하지만 사람들이 아무리 울어도 김구는 다시 살아나지 못했어요. 사람들은 독립 운동을 하던 중국에서도 죽지 않은 김구가, 조국에서 반대자의 손에 죽임을 당했다는 게 너무나 분하고 안타까웠어요.

"김구 선생을 우리 군인이 죽이다니……."

"그놈이 죽인 게 아니지. 그놈 뒤에 있는 더 큰 놈이 죽

인 게지."

　사람들의 말처럼 정말로 김구를 죽인 사람은 안두희가 아닙니다. 나라의 통일보다는 자신들의 정치적 권력을 더 소중하게 여긴 사람들이 바로 김구를 죽인 거예요.

　김구는 그렇게 갔어요. 하지만 나라를 사랑한 그의 마음, 조국의 앞날을 걱정하던 그의 정신은 우리 가슴에 또렷이 남아 있어요.

　"조국의 독립과 통일을 위해서라면 불 속이나 물 속이라도 들어가겠습니다."

　이 땅이 김구가 바라던 대로 통일이 되는 날까지, 그리하여 완전한 독립이 이루지는 그 날까지, 김구는 우리의 마음 속에 살아 있을 것입니다.

광복군 특공대

독립이 되기 전에 조선에 들여보내기 위해 임시 정부에서 특별히 훈련을 시킨 군대를 말한다. 일본의 관청과 기관 시설들을 파괴하여 조선인들의 독립 의지를 세계에 보여 주는 것이 특공대의 목적이었다. 그래야만 우리 손으로 독립을 이룰 수 있기 때문이다. 특공대는 주로 일본군에 강제로 끌려갔다가 탈출해서 임시 정부로 온 젊은이들로 구성되었다.

1940년 9월 17일 중국의 충칭에서 임시 정부 주석 김구와 한국 광복군 총사령관 이청천

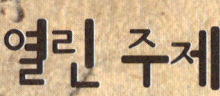
열린 주제

외세에 의한 독립의 비애

우리 근현대사의 사상적인 중심인물이었던 김구 선생은 우리 힘으로 한 독립이 아니면 진정한 것이 아니라고 생각했습니다.

그래서 임시 정부의 총력을 기울여 국내에 진입해 일본군을 무장해제시킬 광복군 특공대를 훈련시켰고, 그런 한편으로 외교적 노력을 다해 미국과 함께 국내에 진입하려 노력했습니다.

이때 이범석 장군과 장준하라는 분이 김구 선생의 명을 받아 우리의 뜻을 미국에 전했으나, 미국의 입장은 우리와 달랐습니다. 그들은 김구 선생의 끈질긴 요구를 무시하고 임시 정부 관계자는 빼놓은 채 조선을 점령하고 군사 정치를 실시했습니다.

장준하

결국 김구 선생이 공들여 훈련시킨 광복군 특공대가 투입될 수 있는 기회가 사라졌고, 외국의 힘을 빌려 해방을 맞이하게 됨으로써 진정한 독립과 해방은 멀어졌습니다.

하지만 이것만은 분명합니다. 일제 35년간 변함없이 조국 독립을 위해 자신을 희생한 수많은 선열들이 있었기에 지금의 우리가 존재한다는 것입니다. 진정한 독립과 자유는 스스로 일구어야 한다는 김구 선생의 뜻을 잊지 말아야 할 것입니다.

대~한 독립, 남~북 통일
김구

김구 선생 암살의 의혹

김구 선생을 죽인 것은 누구였을까요?

물론 안두희라는 사람이 총을 쏘아 김구 선생을 죽였다고 알려져 있습니다. 하지만 그가 왜 그랬는지는 정확히 알려져 있지 않습니다. 아마도 김구 선생의 완전 자주 통일 독립과 반대되는 입장을 가진 사람들이 그랬을 거라고 추측하고 있을 뿐입니다.

당시 정권의 우두머리인 이승만과 그 연결 세력인 미국의 첩보국이 그랬는지 또는 편향된 반공주의자가 그랬는지 공식적으로 알려진 사실 없이 그동안 온갖 추측만 무성했습니다. 안두희는 몇 년 전 끝내 입을 다문 채 죽었습니다.

김구 선생을 존경하면서도 그분이 왜 죽어야만 했는지 이유조차 모르는 우리로서는 안타까운 마음이 가시지 않습니다. 김구 선생을 잃은 것은 한국 현대사의 큰 기둥을 잃은 것과 같기 때문입니다.

김구 선생이 살아 계셨다면 우리나라의 정치와 사회, 통일 문제가 지금과는 다르게 전개되어 왔을 것입니다. 우리 역사와 사회가 어떤 방향으로 나아가야 할지 김구 선생의 사상에 비추어 생각해 보기 바랍니다.

김구 선생을 비롯한 독립운동가 7인의 영정이 모셔져 있는 효창원 내 의열사

145
열린 주제

인물 돋보기

백범 김구 기념관

김구 선생의 뜻을 이어, 추모 사업을 하며, 완전 자주 통일 독립 정신을 수련하고 실천하기 위한 장으로 2002년 서울 용산 효창공원 안에 설립되었습니다. 2002년에 문을 열어 한국 근현대사에 관한 역사박물관인 동시에 교육 문화적 삶의 공간이기도 합니다. 특히 동학, 의병, 애국계몽운동, 대한 민국 임시 정부, 의열 투쟁, 광복군, 통일 운동, 교육 운동과 함께 한 김구 선생의 일대기가 각종 영상매체를 통해 전시되고 있습니다. 나라를 빼앗긴 시기에도 굳건한 의지로 조국 독립을 위해 투쟁하고 희생하신 분들의 숭고한 뜻을 되새기게 하는 곳입니다.

기념관 부근에는 김구 선생 묘역을 비롯해 이봉창 의사와 윤봉길 의사, 안중근 의사의 묘와 임시 정부 요인들의 묘역이 있는 효창원이 있습니다.

경교장

경교장은 김구 선생이 대한 민국 임시 정부의 정무를 보던 마지막 청사입니다. 광산 재벌 최창학이 무상으로 김구 선생에게 임대해 주어 죽음을 맞기 전까지 3년 7개월 동안 머물렀던 곳입니다.

김구 선생은 이곳에서 임시 정부 국무 회의를 열어 반탁 포고령을 발표했고, 통일 정부 수립을 위해 남북 협상을 결행했으며, 자전적 일기인 《백범일지》를 집필했습니다. 김구 선생이 암살된 장소이기

김구 선생이 서거 직전까지 머물던 경교장

도 한 이곳은 이후 몇몇 국가의 대사관저로 사용되다가, 현재는 삼성생명 소유로 서울 강북 삼성병원 내에 위치하고 있습니다.

서울시 유형문화재로 지정되었으며 유물 및 사진과 함께 서거 당시 집무실이 복원되어 공개되고 있습니다.

상하이 임시 정부 건물

중국 상하이를 여행한다면 어디를 둘러보고 싶은가요? 우리나라 임시 정부가 있던 건물 중 하나가 아직 상하이 시내 허름한 골목에 남아 있습니다. 중국에서 재개발한다는 명목 아래 이 건물을 없애려 한 적이 있으나 우리 정부의 강력한 요청으로 보존되었습니다. 이 건물에는 '대한 민국 임시 정부 자리' 라는 표시가 남아 있습니다.

우리 헌법이 임시 정부의 법통을 계승하고 있는 만큼, 상하이 임시 정부가 있었던 건물은 단순히 오래된 건물 이상의 의미를 지닙니다. 나라의 독립을 위해 밤낮으로 애썼던 김구 선생을 비롯한 많은 순국선열들의 피와 땀이 스며있는 역사적인 곳이기 때문입니다.

언제든 이곳에 들를 기회가 생긴다면 눈을 감고 그분들의 뜻을 새기는 시간을 꼭 가져 보기 바랍니다.

상하이에 있는 임시 정부 청사 전경

연대표

김구의 생애	우리나라의 동향
1876 음력 7월 11일 자시(밤 11시에서 새벽 1시 사이)에 황해도 해주 백운방 텃골에서 아버지 김순영과 어머니 곽낙원 사이에서 태어남.	**1876** 강화도조약(병자수호조약) 체결
1878 (2살) 마마를 앓아 어렵게 목숨을 구함. 평생 동안 얼굴에 곰보 자국이 남음.	
	1879 지석영, 종두법 전래함
1880 (4살) 강령 삼거리로 이사.	**1881** 신사유람단과 영선사를 파견함
1882 (6살) 해주로 다시 이사.	**1882** 임오군란, 제물포조약 체결, 조중상민수륙무역장정 조인
1887 (11살) 사랑방에다 서당을 차리고 이 생원을 모셔다가 글공부를 시작.	
1892 (16살) 과거를 보러 갔지만 이미 썩을 대로 썩은 과거 제도에 실망하여 돌아옴.	
1893 (17살) 동학에 들어가고, 이름도 창암에서 창수로 바꿈.	**1883** 태극기를 국기로 선정
1894 (18살) 동학군의 한 사람으로 700명의 군사와 함께 해주성을 공격했으나 실패.	**1884** 우정국 설치, 갑신정변, 한성조약 체결
1895 (19살) 청계동 안 진사 집으로 피신. 고능선에게서 가르침을 받음. 김이언이 이끄는 의병대에 들어가 강계	**1885** 광혜원 설립, 거문도사건
	1886 육영공원 설립
	1889 조병식, 방곡령 선포

대~한 독립, 남~북 통일
김구

| 김구의 생애 | 우리나라의 동향 |

성을 공격했으나 실패. 이 해 8월에 을미사변이 일어남.

1896 (20살) 대동강 하류의 한 객줏집에서 국모의 원수를 갚기 위해 일본군 중위를 죽임. 석 달 뒤 체포되어 재판을 받음. 사형 선고를 받았지만, 고종의 특사로 사형을 면함. 감옥에서 풀려 나지는 못함.

1898 (22살) 감옥에서 탈출함. 탈옥한 뒤 공주 마곡사에서 승려 생활을 함.

1899 (23살) 영천암의 주지가 되어 아이들을 가르침.

1900 (24살) 이름을 김창수에서 김구(金龜)로 바꿈.

1901 (25살) 아버지가 돌아가시자 장사를 지낸 뒤 고향에서 농사를 지으며 삶.

1903 (27살) 장연읍에서 교육 사업을 벌이며 기독교에 입문.

1904 (28살) 최준례와 결혼. 교육 활동 계속함.

1905 (29살) 을사조약이 체결되자 대한

1894 동학농민운동, 갑오개혁, 홍범 14조
1895 을미사변, 단발령 선포, 을미의병
1896 서재필, 독립신문 창간, 독립협회 설립, 아관파천
1897 대한제국 성립

1898 만민공동회 개회, 매일신문 창간

1900 경인선 철도 개통

1901 제주민란 발생

1904 러일전쟁 발발, 한일의정서 강제 체결
1905 을사조약 강제 체결, 장지연, 황성신문에 〈시일야방성대곡〉 발표

김구의 생애	우리나라의 동향
문 앞에서 조약을 거둘 것을 눈물로 호소.	1906 통감부 설치, 이토 히로부미 부임
	1907 국채보상운동 시작함, 헤이그밀사 사건, 한일신협약 체결
	1908 전명운·장인환, 스티븐스 저격, 동양척식주식회사 설립
	1909 나철, 대종교 창시, 안중근, 이토 히로부미 암살
	1910 한일병합조약 조인 공포
1911 (35살) 안악 사건 관련자로 체포되어 징역 17년 형을 선고받음.	1911 신민회, 105인사건
1912 (36살) 감옥에서 김구(金龜)를 김구(金九)로 바꾸고 호를 백범으로 함.	
	1913 안창호, 흥사단 조직
1914 (38살) 감형으로 석방되어 농촌에서 계몽 활동을 벌임.	1915 대한광복회 결성
	1918 토지조사사업 완료
1919 (43살) 3·1 운동이 일어남. 상하이로 가서 임시 정부의 경무국장이 됨.	1919 2·8독립선언, 3·1운동 시작, 대한민국 임시 정부 수립, 제암리학살사건
1924 (48살) 부인 폐렴으로 죽음.	1920 김좌진, 청산리전투, 유관순 옥사
1926 (50살) 임시 정부의 국무령이 됨.	1923 상해에서 국민대표회의 개최함, 조선물산장려회 창립, 일본에서 관동대지진 발생하여 동포 대학살
1928 (52살) 《백범 일지》 상권을 씀.	
1931 (55살) 이봉창 의사의 일본 천황 저격을 계획. 다음 해 1월, 이를 실행시킴.	1926 6·10만세운동 시작
	1927 신간회 창립

대~한 독립, 남~북 통일
김구

김구의 생애	우리나라의 동향
1932 (56살) 윤봉길 의거를 계획하여 성공함.	**1929** 광주학생운동
1938 (62살) 중국에 있는 독립 운동 단체들을 하나로 통일하기 위해 모인 자리에서 총격을 받고 중상을 입음. 입원 치료를 받음.	**1932** 이봉창·윤봉길 의거
	1933 조선어학회, 한글맞춤법통일안 발표
	1936 손기정, 베를린올림픽에서 마라톤 우승
1940 (64살) 중·일 전쟁 때문에 임시 정부 청사를 충칭으로 옮김. 독립 운동 단체를 하나로 통일하고 임시 정부의 주석이 됨. 광복군을 조직. 어머니 돌아가심.	**1940** 창씨개명 실시, 대한 민국 임시 정부, 광복군 창설
	1942 조선어학회사건
	1943 카이로회담, 한국의 독립 약속
	1944 얄타회담, 한반도문제 언급
1941 (65살) 《백범 일지》 하권을 쓰기 시작. 임시 정부의 이름으로 대일 선전 포고문을 발표함.	**1945** 8·15광복
	1945 조선건국준비위원회, 조선인민공화국 수립 공포
1945 (69살) 광복군 특공대를 편성하여 국내 공격을 계획. 8·15 해방으로 귀국.	**1946** 미소공동위원회 개최, 대구폭동사건
	1947 유엔한국위원단 구성
1948 (72살) 북한을 방문하여 김일성을 만남. 남한과 북한에는 따로따로 정부가 들어섬.	**1948** 제주도 4·3사건
	5·10선거, 대한 민국 정부 수립
1949 (73살) 포병 장교 안두희의 총에 맞아 숨을 거둠.	**1949** 반민족행위특별조사위원회(반민특위) 발족, 김구 피살

연대표